무삭제 완역본 어린 왕자

이 책은 이 **세상에 하나밖에 없는 자신만**의 **필사본**입니다.

별처럼 빛나는 소중한

에게

어린 왕자가 철새 떼의 이동을 이용해서 별을 떠나왔으리라 생각했습니다.

무삭제 완역본 어린 왕자

앙투안 드 생텍쥐페리 지음 | 유광선 · 장비안 역

와일드북
WILD

레옹 베르트에게

내가 이 책을 한 어른에게 바치는 것에 대하여 어린이들에게 용서를 구합니다. 여기엔 중요한 이유가 있는데, 이 어른이 내게 있어 세상에서 가장 좋은 친구라는 것입니다. 또 다른 이유도 있습니다. 이 어른이 모든 것을, 심지어 어린이를 위한 책마저도 이해할 수 있는 사람이라는 것입니다. 세 번째 이유도 있습니다. 이 어른은 프랑스에 살고 있는데 그곳에서 굶주리며 추위에 떨고 있습니다. 그는 정말이지 위로받을 처지에 있습니다. 만일 이 모든 해명이 충분하지 않다면, 나는 이 글을 어른이 되기 전, 소년이었던 그에게 바치고 싶습니다. 모든 어른은 한때 어린이였습니다. (그 사실을 기억하는 사람은 아주 적지만 말입니다.) 그래서 나는 바치는 글을 이렇게 고치려 합니다.

어린 소년이었을 적의 레옹 베르트에게

내가 여섯 살 때, 한번은 〈모험 이야기〉라는 제목의, 원시림에 관한 책에서 아주 놀라운 그림을 본 적이 있습니다. 그것은 맹수 한 마리를 집어삼키던 보아뱀을 그린 것이었습니다. 여기 그 그림을 베낀 것이 있습니다.

책에는 이렇게 적혀 있었습니다.

'보아뱀은 먹이를 씹지 않고 통째로 삼킨다. 그러고 나서는 꼼짝할 수가 없어 소화가 될 때까지 여섯 달 동안 잠을 잔다.'

그렇게 원시림의 모험에 관해 곰곰이 생각해본

나는, 색연필로 내 첫 그림을 그릴 수 있었습니다.
내 1호 그림은 이렇게 생겼습니다.

　나는 내 걸작을 어른들에게 보여주고 그것이 무
섭지는 않은지 물었습니다.
　그들은 이렇게 답했습니다.
　"누가 모자를 무서워하겠어?"
　내 그림은 모자를 그린 것이 아니었습니다. 그건
코끼리를 소화하고 있는 보아뱀을 그린 것이었습
니다. 그래서 나는 보아뱀의 배 속을 그려 어른들
이 이해할 수 있도록 했습니다. 그들에게는 언제나

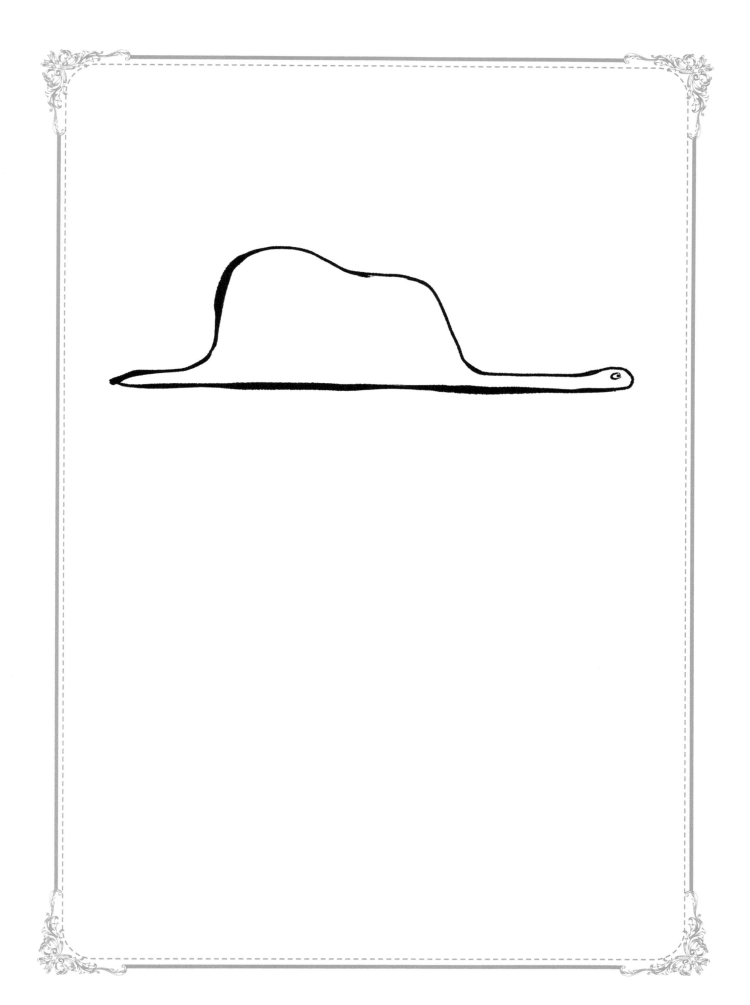

설명해주어야 하니까 말입니다. 내 2호 그림은 이렇게 생겼습니다.

어른들은 내게 속이 보이든 보이지 않든 간에 보아뱀 그림은 접어두고 차라리 지리나 역사, 산수, 문법에 흥미를 가지라고 충고했습니다. 그래서 나는 여섯 살 나이에 화가라는 멋진 꿈을 포기하게 되었습니다. 1호 그림과 2호 그림의 실패로 용기를 잃은 것입니다. 어른들은 혼자서는 그 무엇도 이해하지 못하고, 그들에게 매번 설명을 해줘야 한다는 건 어린이에게 있어 참 피곤한 일이 아닐 수 없습니다.

13

그래서 새로운 직업을 선택해야 했던 나는 비행기 조종하는 법을 배웠습니다. 나는 세상 구석구석을 날아다녔습니다. 지리 공부는 정말 큰 도움이 되었습니다. 나는 한눈에도 중국과 애리조나를 구분할 수 있었습니다. 그건 한밤중에 길을 잃었을 때 매우 유용하게 쓰였습니다.

그렇게 살아오는 동안, 나는 수많은 진지한 사람들을 알고 지내게 되었습니다. 나는 어른들 틈에서 오랜 시간을 함께 지내면서 그들을 가까이서 보았습니다. 그렇다고 해서 그들에 대한 내 생각이 크게 달라지는 일은 없었습니다.

좀 총명해 보이는 어른을 만날 때면, 나는 항상 지니고 다니는 내 1호 그림으로 시험해보았습니다. 나는 그가 정말 이해심이 많은 사람인지 알고 싶었습니다. 하지만 돌아오는 답은 한결같았습니다.

'이건 모자로군.'

그러면 나는 보아뱀이나 원시림 또는 별들에 관

해 이야기하는 대신, 그의 수준에 맞게 브리지, 골프, 정치 그리고 넥타이에 관해 이야기했습니다. 그러면 그 어른은 나처럼 분별력이 있는 사람을 알게 됐다는 사실에 매우 흡족해하는 것이었습니다.

2

　그렇게 나는 제대로 된 대화를 나눌 사람 하나 없이 외롭게 살아오던 중 지금으로부터 6년 전, 사하라 사막에서 비행기 고장을 겪게 되었습니다. 엔진 속 무언가가 고장이 난 것입니다. 정비사나 승객이 동행하지 않았기에, 나는 혼자서 어려운 정비를 해낼 각오를 하던 중이었습니다. 그건 내게 있어 사느냐 죽느냐가 달린 문제였습니다. 내게는 겨우 일주일 치의 물이 남아 있을 뿐이었습니다.

　첫날 밤, 나는 사람들이 살고 있는 곳으로부터 수천 마일이나 떨어진 사막에서 잠을 청했습니다. 나는 망망대해 한가운데서 뗏목을 타고 있는 조난자보다도 더 고립된 처지였습니다. 그러니 한번 생각해보세요. 날이 밝아올 무렵 웬 작고 이상한 목소리가 나를 깨웠을 때, 내가 얼마나 놀랐을지를 말

내가 나중에 그린 것 중 가장 잘 그린 그의 초상화입니다.

21

입니다. 목소리는 이렇게 말했습니다.

"저기…… 양 한 마리만 그려줘요."

"뭐라고?"

"양 한 마리만 그려줘요……."

나는 벼락이라도 맞은 사람처럼 벌떡 일어났습니다. 나는 두 눈을 열심히 비빈 뒤, 똑똑히 보았습니다. 근엄한 모습으로 나를 주시하고 있는 아주 이상한 꼬마 신사를 말입니다. 여기, 내가 나중에 그린 것 중 가장 잘 그린 그의 초상화입니다.

물론 내 그림은 그의 실물만큼 아름답지 않습니다. 하지만 그건 내 잘못이 아닙니다. 어른들이 내가 여섯 살일 때 화가의 꿈을 포기하게 만들었고, 나는 속이 보였다 말았다 하는 보아뱀 외에는 그려 본 것이 없었습니다.

어찌 되었든 나는 놀라 동그래진 눈으로 그 환영을 쳐다보았습니다. 내가 사람이 사는 곳으로부터 수천 마일이나 떨어진 곳에 있다는 걸 잊어서는 안

됩니다. 그런데도 어쩐지 꼬마는 길을 잃거나, 죽을 만큼 피곤하거나, 배가 고프거나, 목이 마르거나, 겁에 질린 것으로 보이지 않았습니다. 절대로 사람들이 사는 곳으로부터 수천 마일이나 떨어진 사막 한가운데서 길을 잃은 아이처럼은 보이지 않았습니다. 겨우 말문을 연 나는, 그에게 이렇게 말했습니다.

"너 도대체…… 여기서 뭘 하는 거니?"

그러자 그는 몹시 중요한 일인 것처럼, 작은 목소리로 다시 이렇게 말했습니다.

"부탁이에요…… 양 한 마리만 그려줘요…….."

너무도 충격적인 신비한 일을 겪으면, 우리는 그것에 홀리지 않을 수 없습니다. 사람 사는 곳으로부터 수천 마일이나 떨어진 곳에서 할 만한 일치고는 참으로 터무니없는 것이었지만, 나는 주머니에서 종이 한 장과 만년필을 꺼내 들었습니다. 그러나 내가 지리, 역사, 산수와 문법을 주로 공부해왔

다는 사실을 깨닫고, (기분이 조금 언짢아져서는) 그림을 그릴 줄 모른다고 말했습니다. 그가 대답했습니다.

"괜찮아요. 나에게 양 한 마리만 그려주세요."

나는 양을 그려본 적이 한 번도 없었으므로, 내가 유일하게 그릴 수 있는 두 점의 그림 중 하나를 그렸습니다. 바로 속이 보이지 않는 보아뱀이었습니다. 그리고 나는 꼬마 친구가 이렇게 대답하는 것에 깜짝 놀랐습니다.

"아니에요! 나는 보아뱀 속에 든 코끼리를 원한 게 아니에요. 보아뱀은 너무 위험하고, 코끼리는 너무 거추장스러워요. 내 집은 아주 작아요. 나에게는 양이 필요해요. 양을 그려주세요."

그래서 나는 양을 그렸습니다.

그는 자세히 들여다보더니, 이렇게 말했습니다.

"안 돼요! 이 양은 벌써 병들
었어요. 다른 양을 그려줘요."

나는 또 그렸습니다.

내 친구는 너그러운 얼굴로
상냥한 미소를 지었습니다.

"잘 봐요…… 이건 숫양이잖아요. 뿔이 있는
걸……."

그래서 나는 또다시 그림을
그렸습니다.

그러나 그는 그 그림 역시,
이전의 것들과 마찬가지로 거
절했습니다.

"이 양은 너무 늙었어요. 나는 오래 사는 양을 원
해요."

서둘러 엔진 수리를 시작하고 싶었던 나는, 그만
인내심이 바닥나버렸습니다. 그래서 다음의 그림
을 대충 휘갈겼습니다.

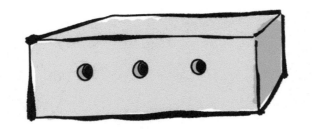

그리고 그에게 퉁명스럽게 말했습니다.

"이건 상자야. 네가 원하는 양은 그 안에 있어."

꼬마 심판의 얼굴이 환해진 것에 나는 깜짝 놀랐습니다.

"내가 원했던 게 바로 이거예요! 이 양에게 풀이 많이 필요할까요?"

"왜?"

"왜냐하면 내 집은 아주 작거든요……."

"충분할 거야. 네게 준 건 아주 작은 양이니까."

그는 그림에 머리를 가져다 댔습니다.

"그렇게 작지도 않은데…… 이것 봐요! 양이 잠들었어요……."

나는 그렇게 해서 어린 왕자를 알게 되었습니다.

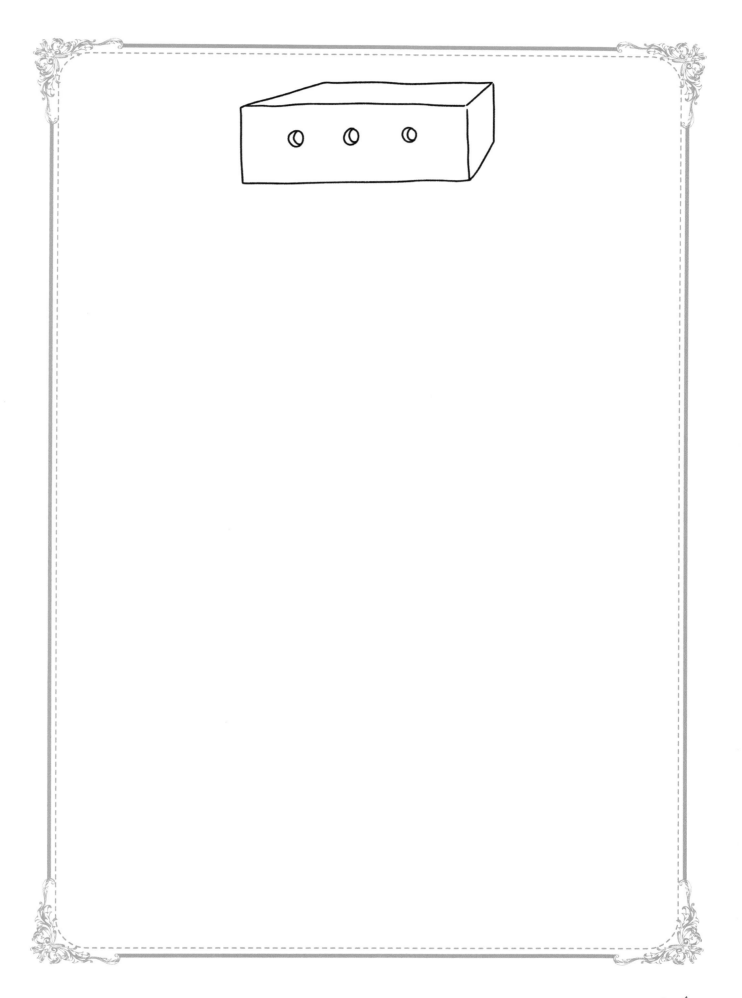

　그가 어디서 왔는지 알아내기 위해서는 많은 시간이 필요했습니다. 어린 왕자는 내게 많은 질문을 하면서도, 내 질문에는 귀를 기울이지 않았습니다. 내가 모든 비밀을 밝혀낸 것은, 그가 은연중에 조금씩 뱉은 말들을 통해서였습니다. 그렇기 때문에, 처음으로 내 비행기(비행기는 그리지 않도록 하겠습니다. 그건 너무 복잡하답니다)를 본 그는 이렇게 물었습니다.

　"이 물건은 뭐예요?"

　"그냥 물건이 아니야. 이건 하늘을 날아. 비행기라는 것이지. 내 비행기란다."

　나는 그에게 내가 날 수 있다는 사실을 알려줄 수 있어 뿌듯했습니다. 그는 이렇게 소리쳤습니다.

　"뭐라고요! 아저씨, 하늘에서 떨어졌군요!"

나는 겸손하게 대답했습니다.

"맞아."

"아! 참 재미있네……!"

그런 뒤 어린 왕자는 아주 유쾌하게 웃음을 터뜨렸는데, 그 웃음은 나를 몹시 화나게 했습니다. 나는 사람들이 내 불행을 진지하게 받아들였으면 했기 때문입니다. 그리고 그는 이렇게 덧붙였습니다.

"그럼 아저씨 역시 하늘에서 왔겠군요! 아저씨는 어느 별에서 왔나요?"

그의 신비로운 정체를 밝혀줄 한 줄기 빛이 번쩍임을 직감한 나는, 재빨리 이렇게 물었습니다.

"그렇다면, 너도 역시 다른 별에서 왔겠구나?"

하지만 그는 대답하지 않았습니다. 내 비행기를 쳐다보며 천천히 고개를 끄덕일 뿐이었습니다.

"그럼 그렇지. 이걸 타고는 그렇게 멀리서 올 수 없었겠지……."

그렇게 한참이나 생각에 잠겨 있었던 그는, 이윽고 주머니에서 내가 그려준 양을 꺼내, 자신의 보물이라도 되는 듯 감상하는 일에 빠져드는 것이었습니다.

이제 상상할 수 있을 겁니다. 내가 그 '다른 별들'에 관해 밝혀지지 않은 비밀을 얼마나 궁금해했을지를 말입니다. 나는 더 많은 비밀을 알아내기 위해 애를 썼습니다.

"꼬마야, 너는 어디에서 왔니? '네 집'은 어디에 있는데? 내가 그려준 양을 어디로 데려가려고 하는 거니?"

그는 깊은 생각에 빠진 채 침묵을 지키다 이렇게 대답했습니다.

"좋은 점은, 밤에는 아저씨가 그려준 상자를 양의 집으로 쓸 수 있다는 거예요."

"당연하지. 만약 네가 착하게 군다면 낮 동안 양을 매어둘 끈도 그려줄게. 말뚝도 같이."

그 제안에 어린 왕자는 충격을 받은 것 같았습니다.

"양을 매어둔다고요? 그것참, 우스운 생각이네요!"

"하지만 매어두지 않는다면 아무 데나 돌아다니다 결국 길을 잃을 텐데."

그러자 그 친구는 또다시 웃음을 터뜨렸습니다.

"도대체 양이 어딜 간다는 거예요!"

"어디든. 앞으로 쭉……."

어린 왕자는 진지하게 일러 주었습니다.

"소용없어요. 우리 집은 정말 작으니까요!"

그리고 조금 쓸쓸한 얼굴로, 이렇게 덧붙이는 것이었어요.

"앞으로 쭉 간대도 그리 멀리 갈 수 없어요……."

이렇게 해서 나는 아주 중요한 두 번째 사실을 알게 되었습니다. 바로 그가 살던 별이 겨우 집 한 채 남짓한 크기라는 것입니다!

그 사실이 나를 특별히 놀라게 한 건 아니었습니다. 나는 지구, 목성, 화성, 금성처럼 우리가 이름을 붙인 큰 별들 외에도, 망원경으로도 관측하기 어려운 작은 별들이 무수히 존재한다는 것을 이미 알고 있었습니다. 천문학자가 그런 별을 하나 발견하면, 그는 그 별에 번호를 붙여 부릅니다. 예를 들면, '소행성 325' 같은 식으로요.

어린 왕자가 소행성 B612에서 왔을 것으로 생각한 데에는 그만한 이유가 있습니다. 그 별은 1909년, 어떤 터키 천문학자의 망원경에 딱 한 번 포착되었을 뿐이었기 때문입니다.

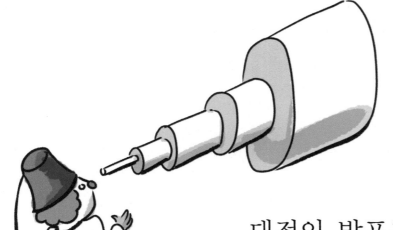

그는 국제 천문학 학회에서 자신의 발견을 두고 대대적인 발표를 했습니다. 하지만 그의 옷차림 때문에 아무도 그가 하는 말을 믿어주지 않았습니다. 어른들은 항상 그런 식이랍니다.

다행히도, 터키의 한 독재자가 그의 국민들에게 강제로 양복을 입히는 사건이 일어났습니다. 명령을 거역할 시에는 사형에 처하겠다고 말입니다. 그 일은 소행성 B612의 명성을 두고 봤을 때 이로운 일이었습니다. 1920년에

다시 발표를 진행하게 된 천문학자는, 아주 멋있는 옷을 입고 참석했습니다. 그리고 이번엔 모두가 그의 말을 믿어주었습니다.

내가 소행성 B612의 자세한 배경과 그 별의 번호를 알려주는 것은 순전히 어른들 때문입니다. 어른들은 숫자를 좋아합니다. 만일 어린 여러분이 어른들에게 새 친구에 관해 이야기한다면, 그들은 본질적인 건 하나도 물어보지 않을 겁니다.

"네 친구는 어떤 목소리를 가졌니? 그 아이는 어떤 놀이를 좋아하니? 혹시 그 아이가 나비를 채집

하니?"

어른들은 이와 같은 질문을 하는 일은 없습니다.

"네 친구는 몇 살이니? 형제는 몇 명이나 있어? 몸무게는 얼마나 나가니? 그의 아버지는 돈을 많이 버시니?"

그들은 기껏해야 이런 식의 질문을 하고는 그 아이에 관해 모두 알았다고 착각하는 것입니다.

"장밋빛 벽돌로 지은 아름다운 집을 보았어요. 창가에는 제라늄이 피어있고 지붕 위에는 비둘기들이 있었어요……."

만일 어른들에게 이렇게 말한다면 그들은 결코 그 집을 상상하지 못합니다. 차라리 이렇게 말하는 게 나을 것입니다.

'저는 십만 프랑이나 하는 집을 보았어요.' 그러면 어른들은 소리칠 것입니다.

"얼마나 아름다울까!"

마찬가지로 그들에게 다음과 같이 말한다면 그들

소행성 B612호에 있는
어린 왕자

51

은 어깨를 으쓱대며 여러분을 어린아이 취급할 것입니다.

"어린 왕자가 존재했다는 증거는, 그 아이가 매력적이었고, 잘 웃었고, 양을 가지고 싶어 했다는 거예요. 누군가 양을 원한다는 건 곧 누군가가 존재한다는 걸 의미하니까요."

하지만 여러분이 "그는 소행성 B612에서 왔어요."라고 한다면, 그들은 쉽게 이해하여, 이런저런 질문으로 여러분을 귀찮게 하지 않을 겁니다. 어른들은 항상 그런 식이지요. 그래도 그들을 탓할 수는 없습니다. 아이들은 어른들을 너그럽게 대해야 하니까요.

그러나 당연히 인생을 이해하는 우리에게 번호 같은 건 아무 의미가 없습니다. 나는 이 이야기를 동화처럼 소개하고 싶었습니다. 이렇게 말입니다.

"옛날 옛적에 어린 왕자가 살고 있었어요. 그의 별은 그의 몸집보다 겨우 조금 클 뿐이었어요. 그

에게는 친구가 필요했어요……."

인생을 이해하는 사람에게는 이렇게 시작하는 이야기가 더 진짜처럼 느껴질 것입니다.

왜냐하면 나는 사람들이 내 책을 가볍게 읽어버리지 않았으면 하기 때문입니다. 이 기억을 들추는 건 몹시 괴로운 일이었습니다. 내 친구가 양과 함께 떠난 건 6년 전의 일이었습니다. 내가 그 일을 글로 쓰는 것은, 그를 잊지 않기 위함입니다.

친구를 잊는다는 것은 슬픈 일입니다. 모든 사람에게 친구가 있는 건 아닙니다. 그리고 나 역시 숫자에만 관심 있는 어른들처럼 되지 않으란 법이 없습니다.

그런 이유에서 나는 물감 한 통과 연필을 샀습니다. 내 나이에 다시 그림에 도전하는 것은 쉬운 일이 아니었습니다. 더군다나 여섯 살 이후로 속이 보이는 보아뱀과 속이 보이지 않는 보아뱀 말고는 그려본 것이 없는 사람으로서는 말입니다! 나는 어

떻게든 그럴듯한 초상화를 그려보도록 노력하겠지만, 성공할 수 있을지는 확신할 수 없습니다. 어떤 그림은 봐줄 만하기도 하지만 어떤 그림은 비슷하지도 않습니다. 키마저도 조금씩 틀린 것 같습니다. 여기 있는 어린 왕자는 너무 큰가 하면 저쪽의 것은 또 너무 작습니다. 그가 입은 양복의 색을 결정하는 것도 고민이었습니다. 그래서 나는 이렇게 또 저렇게, 나름대로 방법을 찾아갔습니다. 내가 중요한 무언가를 놓쳤더라도, 부디 용서해주길 바랍니다. 내 친구는 한 번도 자세히 설명해 준 적이 없기 때문입니다.

그는 아마 내가 자신과 닮았다고 생각하는 것 같았습니다. 하지만 불행히도 나는 상자 속의 양을 보는 법을 알지 못했습니다. 아마 나 역시 조금은 어른들처럼 돼버렸는지도 모를 일입니다. 나 또한 나이가 들어버린 것입니다.

　나는 매일 어린 왕자의 별과 그가 그곳을 떠나게
된 일, 그리고 그가 한 여행에 관해 조금씩 알아가
게 되었습니다. 그것은 그가 하는 말들을 골똘히
생각하는 가운데 우연히 알게 된 것들이었습니다.
셋째 날, 나는 그렇게 바오밥나무의 비극에 관해서
도 알게 되었습니다.

　이번에도 양 덕분이었습니다. 어린 왕자가 갑자
기 심각한 의문이 생긴 것처럼 내게 이렇게 물었기
때문입니다.

　"양들이 키가 작은 나무를 먹는다는 거, 진짜일
까요?"

　"맞아, 진짜야."

　"아! 너무 잘됐는걸!"

　나는 왜 양들이 작은 나무를 먹는 게 그렇게 중요

한 일인지 이해하지 못했습니다. 어린 왕자는 이렇게 덧붙였습니다.

"그렇다면 바오밥나무도 먹겠지요?"

나는 어린 왕자에게 바오밥나무는 키가 작기는커녕 교회만큼 크며, 그가 한 떼의 코끼리를 몰고 간다고 해도 바오밥나무 한 그루조차 해치우기 어려울 것이라 일러주었습니다.

코끼리 떼 이야기는 어린 왕자를 웃게 했습니다.

"한 마리씩 차곡차곡 포개 놓아야겠네요……."

그런데 그가 곧 영리하게 말했습니다.

"키가 큰 바오밥나무도 처음 돋아날 때는 작은 나무지요."

"맞아! 하지만 너는 왜 양들이 작은 바오밥나무를 먹었으면 하는 거야?"

그는 '아이! 참!' 하고 그건 당연하다는 듯 말할 뿐이었습니다. 그래서 나는 그 문제를 혼자 풀어보기 위해 머리를 골똘히 굴려야 했습니다.

사실, 어린 왕자의 별에는 다른 별들과 마찬가지로 좋은 풀과 나쁜 풀이 있었습니다. 또 당연히 좋은 풀의 좋은 씨앗과 나쁜 풀의 나쁜 씨앗이 있었습니다. 하지만 씨앗은 눈에 보이지 않습니다. 씨앗들은 그중 하나가 깨어나고 싶다고 생각할 때까지 대지의 비밀 속에서 잠들어있는 것입니다. 깨어난 씨앗은 기지개를 켜며, 아름답고 연약한 싹을, 태양을 향해 수줍게 틔워냅니다. 그것이 무나 장미의 씨앗이라면 마음대로 자라도록 내버려 두어도 괜찮습니다. 하지만 그게 나쁜 풀이라면 그 사실을 알아차리는 즉시 뽑아버려야 합니다.

어린 왕자의 별에는 끔찍한 씨앗이 있었습니

다…… 그것은 바로 바오밥나무의 씨앗이었습니다. 온 별이 바오밥나무의 씨앗으로 뒤덮이고 말았습니다. 바오밥나무를 너무 늦게 발견한다면, 절대 그것을 뽑을 수 없습니다. 바오밥나무는 별 전체를 가득 채울 것입니다. 뿌리는 별을 뚫어버릴 것이고, 만일, 작은 별에서 너무 많은 바오밥나무가 자란다면, 그 별은 결국 산산이 부서지고 말 것입니다.

어린 왕자는 나중에 이렇게 말했습니다.

"이건 규율의 문제예요. 아침 단장을 끝냈다면, 별을 정성 들여 단장할 차례예요. 그 일은 규칙적으로 해내야만 해요. 바오밥나무와 장미를 구분할 수 있을 때 바로바로 뿌리를 뽑아버리는 거예요. 그 둘의 새싹은 아주 비슷하거든요. 그건 아주 지루한 일이지만, 쉬운 일이기도 해요."

그리고 어느 날, 그는 지구에 사는 아이들에게 이 사실을 알려주기 위해 제대로 된 그림 한 점을 그려볼 것을 권했습니다.

"만약 언젠가 아이들이 여행길에 오른다면 유용하게 쓰일지도 몰라요. 해야 할 일을 미뤄도 괜찮을 때도 있어요. 하지만 그게 바오밥나무와 관련된 일이라면, 언젠가 재앙을 불러올 거예요. 나는 게으름뱅이가 사는 별을 하나 알고 있었어요. 그는 세 그루의 작은 나무를 그냥 두었었죠……."

그래서 나는 어린 왕자의 지시에 따라 게으름뱅

이의 별을 그렸습니다. 나는 도덕적인 사람인 척하는 것을 절대 좋아하지 않습니다. 하지만 바오밥나무의 위험성은 거의 알려지지 않았고, 만일 소행성을 여행하는 사람에게 생길 수 있는 위험이 그렇게 큰 것이라면, 딱 이번 한 번만 예외를 두도록 하겠습니다.

"애들아! 바오밥나무를 조심하렴!"

내가 이 그림을 이렇게까지 정성 들여 그린 것은 나처럼 오래전부터 바오밥나무의 위험을 멋모르고 지나쳐온 아이들에게 그 사실을 알려주기 위함입니다. 이건 그만한 가치가 있는 충고입니다. 여러분은 이렇게 생각할 수도 있을 겁니다.

'왜, 이 책에는 바오밥나무만큼 웅장한 그림이 또 없을까?'

이유는 간단합니다. 나 역시 멋진 그림을 시도했지만 실패했을 뿐입니다. 다만 바오밥나무의 그림을 그릴 때만큼은 절박한 심정에 사로잡혀 있었던 것입니다.

바오밥나무들

71

6

아! 어린 왕자, 나는 그렇게 조금씩 그의 쓸쓸한 삶을 알아가게 되었습니다. 어린 왕자에게 오랫동안 위안거리라고는 부드럽게 저무는 노을뿐이었습니다. 나는 이 새로운 사실을, 나흘째 되던 날 그가 한 말 때문에 알게 되었습니다.

"나는 노을이 좋아요. 노을을 보러 가요……."

"하지만 기다려야 하는걸……."

"무엇을 기다리는데요?"

"해가 지기를."

처음에 그는 아주 놀란 듯했지만, 이내 혼자 웃어 버렸습니다. 그리고 이렇게 말했습니다.

"나는 아직도 내가 우리별에 있는 줄 안다니까요!"

맞는 말이야. 미국이 정오라면, 프랑스에서는 해

6

가 지고 있겠지. 그걸 모르는 사람은 없어. 단숨에
프랑스까지 달려갈 수만 있다면 노을을 볼 수 있겠
지. 하지만 그러기에 프랑스는 너무나 멀리 있어.

75

네 작은 별에서는 그저 의자를 몇 걸음 당기면 그 만이었겠지. 그렇게 너는 네가 원할 때마다 노을을 볼 수 있었던 거야……

"어떤 날에는 노을을 마흔네 번이나 봤어요!"

그리고 잠시 뒤 그는 이렇게 덧붙였습니다.

"있잖아요…… 너무 슬픈 마음이 들 때, 우리는 노을을 좋아하게 돼요……."

"그럼 마흔네 번이나 본 날엔 몹시 슬펐겠구나?"

하지만 어린 왕자는 대답하지 않았습니다.

닷새째 되던 날, 이번에도 양 덕분에, 어린 왕자의 삶에 관한 비밀을 알게 되었습니다. 그는 갑자기, 난데없이 이렇게 물었습니다. 마치 고요 속에서 오랜 시간 동안 고심한 문제의 답을 찾기라도 한 듯 말입니다.

"양 말인데요, 혹시 작은 나무를 먹는다면, 꽃도 먹을까요?"

"양은 눈에 보이는 건 뭐든 먹지."

"가시가 있는 꽃이라도?"

"그럼, 가시가 있는 꽃이라도."

"그렇다면 가시는, 무슨 쓸모가 있어요?"

나는 답을 알지 못했습니다. 엔진의 나사 하나가 너무 단단하게 박혀있는 바람에 그걸 푸느라 아주 바빴거든요. 걱정이 이만저만이 아니었습니다. 고

장이 생각보다 심각한 것이라는 걸 알게 된데다,
무엇보다 마실 물이 떨어지고 있어 최악의 상황을
걱정해야 했습니다.

"가시는 무슨 쓸모가 있냐니까요?"

어린 왕자는 한 번 던진 질문을 거두는 법이 없었
습니다. 나사 때문에 신경질이 나 있던 나는 아무
렇게나 대답했습니다.

"가시는 아무 쓸모가 없어. 그건 꽃들이 괜히 심
술을 부리는 것이야."

"저런!"

잠깐의 침묵 후, 그는 원망스럽다는 듯 이렇게 받
아쳤습니다.

"나는 그 말을 믿지 않아요! 꽃들은 약해요. 꽃들
은 순진하다고요. 꽃들은 그들이 할 수 있는 방식
으로 자신을 보호하는 거예요. 그들은 가시가 있으
면 무서워 보일 거라고 생각한다고요……."

나는 아무 대답도 하지 않았습니다. 나는 이런 생

각을 하고 있었습니다.

'만약 이 나사가 계속해서 애를 먹인다면, 망치로 쳐서 튀어나오게 만들겠어.'

하지만 어린 왕자는 또다시 내 생각을 방해했습니다.

"아저씨는 꽃들이 그럴 거라고 생각하나 본데요……."

"아니야! 아니야! 난 아무 생각도 하지 않아! 그냥 아무렇게나 대답한 거야. 나는 중요한 일들을 처리해야 한다고!"

그는 새하얗게 질려 나를 쳐다보았습니다.

"중요한 일이라니!"

그는 망치를 들고 손가락은 기름으로 새까매진 채, 그가 보기에 흉측하기 그지없는 물건을 향해 몸을 숙이고 있는 나를 쳐다보았습니다.

"아저씨는 꼭 어른들처럼 말하네요."

그 말을 들은 나는 창피해졌습니다. 하지만 그는

가차 없이 이렇게 덧붙였습니다.

"아저씨는 모든 걸 혼동해요…… 모든 걸 뒤죽박
죽으로 만들고 있어요!"

그는 정말로 화가 나 있었습니
다. 그의 금빛 머리칼이 바람
에 흩날렸습니다.

"나는 얼굴이 새빨간 신
사 하나가 사는 별을 알
고 있어요. 그는 한 번도
꽃향기를 맡아본 적
이 없어요. 그는 별
을 올려다본 적도 없
어요. 그는 그 누구도 사

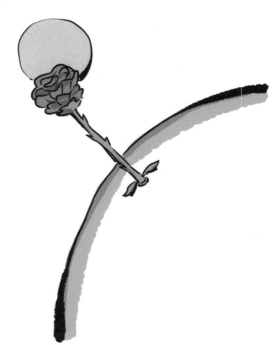

랑한 적이 없지요. 그는 살면서 오직 덧셈만 해왔
을 뿐이에요. 그리고 온종일 아저씨처럼 반복해서
말했어요. '나는 진지한 사람이야! 나는 진지한 사
람이야!' 그는 오만으로 가득 차 있었어요. 하지만

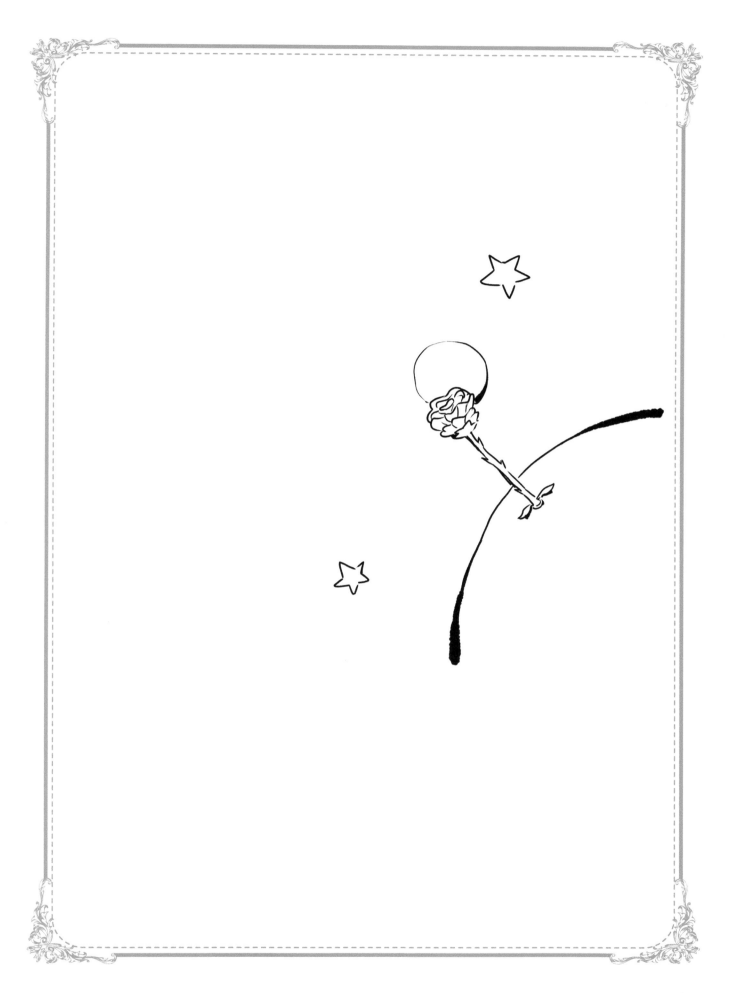

85

그건 사람이라고 할 수 없어요. 그건 버섯이에요!"

"뭐라고?"

"버섯이라고요!"

이제 어린 왕자는 분노로 얼굴이 새하얗게 질려 있었습니다.

"꽃들이 가시를 만든 건 수백만 년이나 된 일이에요. 그런데도 양들은 수백만 년 동안 꽃을 먹었어요. 아무 쓸모가 없는 가시를 만들기 위해 그렇게 애를 쓴 꽃들을 이해하려 하는 게 중요한 일이 아니라고요? 양들과 꽃들의 전쟁이 중요하지 않다고요? 그 뚱뚱하고 얼굴 빨간 신사의 덧셈보다 중요한 일이 아니란 말이지요? 만일 내게 세상에 유일한, 우리별 외에 그 어디에도 존재하지 않는 꽃 한 송이가 있고, 작은 양 한 마리가 어느 아침, 자신이 무슨 일을 저지르는지도 모른 채, 그 꽃을 한입에 먹어 치울지도 모른다고 하는데, 그게 중요한 일이 아닐 수 있다고요!"

그는 얼굴이 빨개져서는, 다시 말을 이었습니다.

"만일 누군가 수백, 수천만 개의 별 가운데 단 한 송이만 존재하는 꽃을 사랑한다면, 그걸 바라보는 것만으로도 그 사람은 행복해질 거예요. 그는 '내 꽃이 저기 어딘가에 있어……'라고 생각할 거니까요. 하지만 양이 그 꽃을 먹는다면, 그에게는 갑자기 모든 별빛이 사라지는 것이나 다름없을 거예요! 그런데도 그게 중요하지 않다니!"

그는 그 이상 아무 말도 할 수 없었습니다. 그는 갑자기 울음을 터뜨렸습니다. 그러는 사이 어둠이 깔렸고, 나는 들고 있던 연장을 놓아버렸습니다. 망치와, 나사와, 목마름과 죽음이 시시한 것으로 여겨졌습니다. 여기, 하나의 별에, 행성에, 나의 지구에, 위로해야 하는 어린 왕자가 있었으니까요! 나는 그를 꼭 껴안고 달랬습니다. 나는 그에게 말했습니다.

"네가 사랑하는 꽃은 위험에 처해있지 않아……

양에게 입마개를 그려줄게…… 꽃에게는 갑옷을 그려줄게…… 내가…….”

나는 어떤 말을 해야 할지 알지 못했습니다. 나는 너무도 서툴렀습니다. 나는 어떻게 그에게 닿을 수 있을지, 어디서 그를 찾을 수 있을지 알 수 없었습니다……. 눈물의 나라는 그토록 신비로운 곳이니까요.

나는 얼마 되지 않아 그 꽃에 관해 자세히 알게
되었습니다. 어린 왕자의 별에는 언제나 꽃잎이 한
겹만 있는 아주 소박한 꽃들이 있었는데, 그 꽃들
은 자리를 차지하는 법이 없었고 그 누구도 귀찮게
하지 않았습니다. 그 꽃들은 어느 아침 풀 속에서
나타났다 저녁이면 져버렸습니다. 하지만 어느 날,
어디서 왔는지 모를 씨앗 하나가 싹을 틔웠습니다.

어린 왕자는 아주 가까이서 어느 싹과도 닮지 않
은 그 싹을 관찰했습니다. 새로운 종류의 바오밥나
무일지도 몰랐기 때문입니다. 하지만 작은 나무는
곧 성장을 멈추더니 꽃을 피울 준비를 하기 시작했
습니다. 커다란 봉오리가 맺히는 장면을 마주한 어
린 왕자는 어떤 기적과도 같은 탄생을 예감했지만,
꽃은 자신의 초록빛 집에서 아름답게 보이기 위한

몸치장을 하느라 나올 생각을 하지 않았습니다. 꽃은 고심해서 색을 정하고, 천천히 옷을 입고, 꽃잎을 하나하나 단장했습니다. 개양귀비처럼 구겨진 모습으로 나타나고 싶지 않았던 것입니다. 꽃은 자신의 아름다움이 극에 달했을 때 등장하고 싶었습니다. 네, 맞습니다. 그 꽃은 몹시도 멋을 부리는 꽃이었습니다! 꽃의 신비로운 단장은 며칠이고 이어졌습니다. 그리고 어느 아침, 해가 뜨는 시간에, 꽃이 모습을 드러냈습니다.

그리고 그토록 빈틈없는 정성을 쏟았음에도, 꽃은 하품을 하며 이렇게 말하는 것이었습니다.

"아! 나는 막 깨어났어요…… 실례가 아닐 수 없네요…… 머리가 온

통 헝클어져 있어서……."

어린 왕자는 감탄하지 않을 수 없었습니다.

"당신은 정말 아름다워요!"

꽃이 차분히 대답했습니다.

"그래요. 나는 해님과 같은 시간에 태어났거든
요……."

어린 왕자는 그 꽃이 그리 겸손하지 않음을 눈치
챘지만, 그래도 꽃은 너무나 감동적이었습니다!

꽃은 이렇게 덧붙였습니다.

"아무래도 아침 식사 시
간이 된 것 같아요.
나를 살펴준다면
너무도 고맙겠어
요……."

당황한 어린 왕자
는 시원한 물이 들
어있는 물뿌리개

를 찾아 꽃에 물을 주었습니다.

　꽃의 사뭇 까탈스러운 자만심은 그렇게 어린 왕자를 괴롭히게 되었습니다. 예를 들면, 꽃은 어느 날 네 개의 가시에 관해 떠들다 말고, 이렇게 말하는 것이었습니다.

　"호랑이들에게 발톱을 세워 덤벼보라고 해요!"

　어린 왕자가 반박했습니다.

　"내 별엔 호랑이가 없어요. 그리고 호랑이는 풀을 먹지 않아요."

　꽃이 차분히 대답했습니다.

　"나는 풀이 아니에요."

　"미안해요."

　"나는 호랑이는 무섭지 않지만, 바람은 질색이에요. 바람막이는 없을까요?"

　어린 왕자는 이렇게 생각했습니다.

　'바람이 질색이라니…… 풀에게는 안타까운 일인걸. 이 꽃은 정말 까탈스러워……'

"저녁이 되면 유리 덮개를 씌워주세요. 당신의
별은 너무 추워요. 내가 뿌리를 잘못 내렸나 봐요.
내가 온 곳은……."

꽃은 말을 끝맺지 않았습니다. 씨앗의 모습으로
이곳에 온 꽃이 다른 세계를 알 리가 없었기 때문
입니다. 뻔한 거짓말을 하려다 들킨 것이 창피했던
꽃은 두어 번 헛기침을 하고 어린 왕자에게 잘못을
뒤집어씌웠습니다.

"바람막이는……."

"막 찾으러 가려던 참에
당신이 말을 걸어온 걸
요!"

그러자 꽃은 어린
왕자가 죄책감을
느끼도록 억지
로 기침을
했습니다.

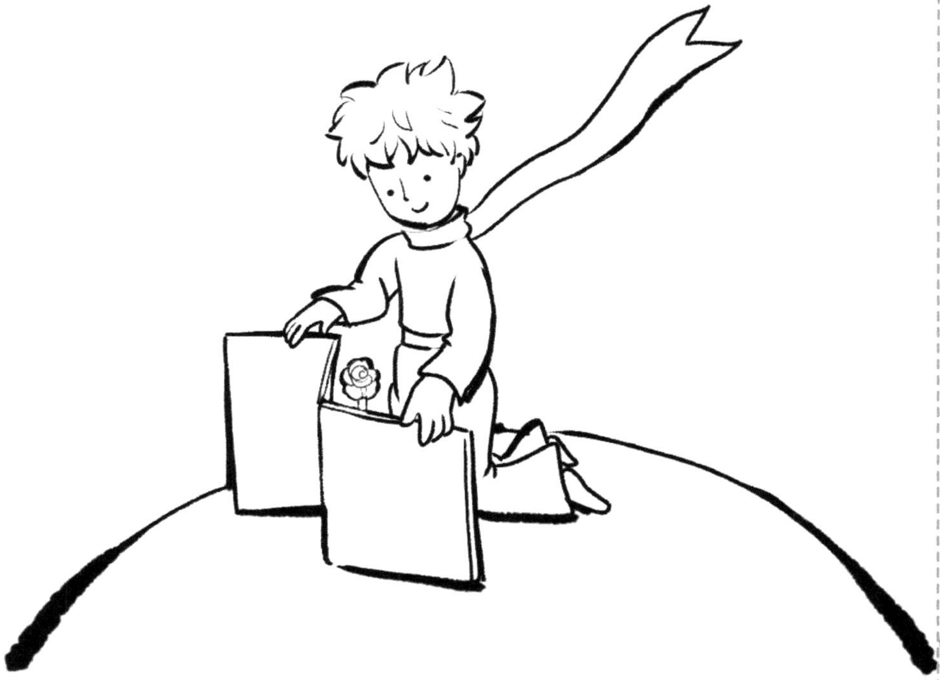

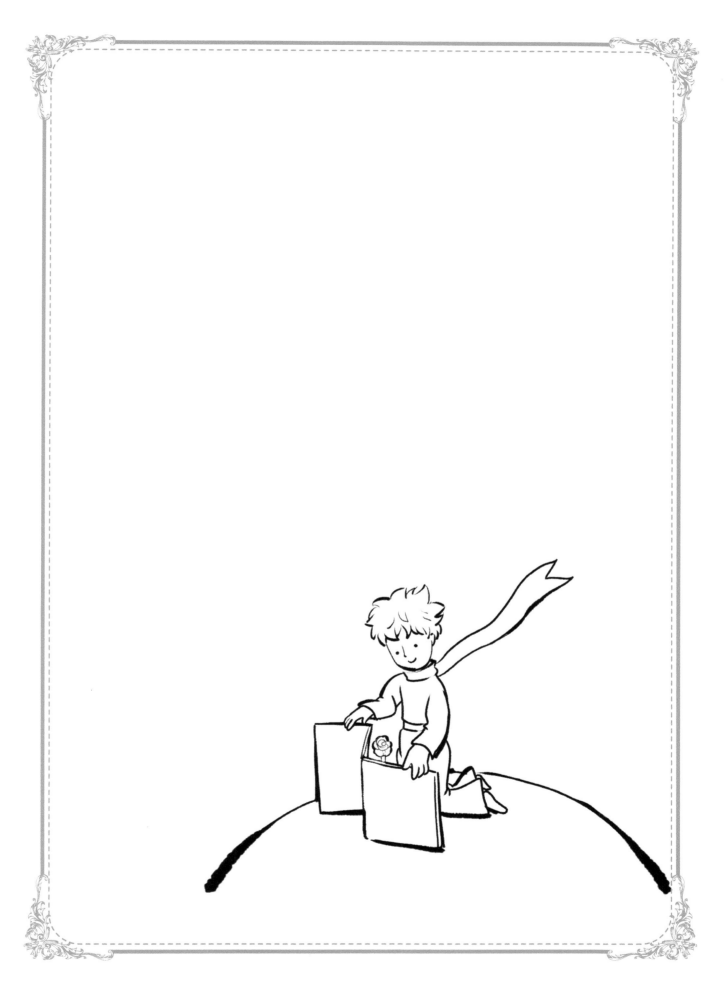

그래서 어린 왕자는, 사랑에서 피어나는 좋은 마음에도 불구하고, 곧 그 꽃을 의심하게 되었습니다. 그는 대수롭지 않은 말들을 진지하게 받아들이고, 끝내 몹시 불행해져 버렸습니다.

어느 날, 어린 왕자는 내게 그렇게 고백했습니다.

"꽃이 하는 말을 귀담아듣지 않았어야 했어요. 꽃이 하는 말을 믿어서는 안 돼요. 그저 감상하고 향기를 맡는 것에 그쳐야 했어요. 그 꽃은 내 별을 향기롭게 했지만, 나는 그걸 누리는 법을 알지 못했어요. 내 신경을 긁던 발톱 이야기마저도, 가엾게 여겼어야 했는데……."

그는 이렇게도 고백했습니다.

"그때의 나는 아무것도 이해하지 못했어요! 나는 그 꽃의 말이 아닌 행동을 봤어야 했어요. 그 꽃은 나를 향기롭게 해주고 빛나게 해주었어요. 나는 절대 도망쳐서는 안 됐던 거예요! 나는 그 꽃의 안쓰러운 속임수 뒤에 가려진 상냥함을 알아차렸어야 했어요. 꽃들은 그토록 모순덩어리예요! 정말이지 나는 꽃을 사랑하기엔 너무나 어렸던 거예요……."

나는 어린 왕자가 철새 떼의 이동을 이용해서 별을 떠나왔으리라 생각했습니다. 떠나던 날 아침, 그는 자신의 별을 깨끗하게 정돈했습니다. 그는 불이 꺼지지 않은 화산의 입구를 정성스럽게 청소했습니다. 그의 별에는 두 개의 불붙은 화산이 있었는데, 그 화산들은 아침 식사 준비를 아주 편리하게 만들어줬을 겁니다. 그 별엔 불이 꺼진 화산도 하나 있었습니다. 하지만 그의 말대로 '혹시 또 모르는' 일이기에, 그는 불이 꺼진 화산도 함께 청소했습니다. 청소가 잘 되어있는 화산은 부드럽고 규칙적으로 끓어오르며, 폭발하는 일이 없습니다. 화산 폭발은 굴뚝의 불길과 같습니다. 당연히, 우리는 지구의 화산을 청소하기에는 너무 작습니다. 화산이 그토록 자주 폭발하는 것은 그런 이유에서랍니다.

9

그는 불이 꺼진 화산도 함께 청소했습니다.

어린 왕자는 조금 쓸쓸한 마음으로 바오밥나무의
마지막 싹들도 뽑아버렸습니다. 그는 다시는 자신
의 별로 돌아올 수 없을 것이라고 생각했던 것입니
다. 하지만 그 익숙한 작업은 그날따라 더 물 흐르
듯 진행됐습니다. 그리고 마지막으로 꽃에 물을 주
고, 안전하게 유리 덮개를 씌워주려는 때, 그는 자
신이 울고 싶다는 것을 깨달았습니다.

그가 꽃에게 말했습니다.

"잘 있어요."

하지만 꽃은 대답하지 않았습니다.

그가 다시 말했습니다.

"잘 있어요."

꽃은 기침을 했습니다. 하지만 그건 감기 때문이
아니었습니다.

꽃이 드디어 말했습니다.

"내가 바보 같았어요. 나를 용서해줘요. 부디 행
복하세요."

그는 꽃이 자신을 비난하지 않는다는 것에 놀랐습니다. 그는 당황해서는 유리 덮개를 든 채 서 있었습니다. 그는 꽃이 그토록 침착하고 다정하게 구는 이유를 이해할 수 없었습니다.

꽃이 말했습니다.

"맞아요, 나는 당신을 사랑해요. 당신이 아무것도 알지 못한 건 내 잘못이에요. 그건 중요하지 않아요. 하지만 당신도 나만큼 바보 같았어요. 부디 행복하세요…… 그 덮개는 내버려 두세요. 더는 필요하지 않으니까."

"하지만 바람이……."

"감기가 그렇게 심한 것도 아닌걸요……. 시원한 밤공기가 기분을 나아지게 해줄 거예요. 나는 꽃이니까요."

"하지만 짐승들이……."

"나비를 맞이하려면 애벌레 두세 마리쯤은 견뎌야 하지요. 나비는 정말 아름답다고 하더군요. 나

비가 아니면 누가 나를 보러와 주겠어요? 당신은 멀리 있을 텐데. 덩치 큰 짐승이라면, 전혀 무섭지 않아요. 내게도 발톱이 있으니까요."

그리고 그 꽃은 가시 네 개를 천진스럽게 드러내 보였습니다. 그리고 이렇게 덧붙였습니다.

"그렇게 꾸물거리지 말아요. 마음이 쓰이니까요. 당신은 떠나기로 결심했어요. 그러니 떠나세요."

꽃은 자기가 우는 모습을 그에게 보여주고 싶지 않았습니다. 그 꽃은 그토록 오만했습니다……

어린 왕자가 사는 별은 소행성 325, 326, 327, 328, 329, 330과 이웃하고 있었습니다. 그는 할 일을 찾고, 또 견문을 넓히고자 그 별들을 방문하기 시작했습니다.

첫 번째 별에는 왕이 살고 있었습니다. 자줏빛 천과 모피로 만든 옷을 입은 왕은 매우 소박하지만, 위엄 있는 왕좌에 앉아 있었습니다.

어린 왕자를 본 왕이 소리쳤습니다.

"아! 신하가 왔구나!"

어린 왕자는 생각했습니다.

'한 번도 나를 본 적이 없는데 어떻게 알아봤을까!'

그는 왕이 사는 세상이 아주 간단한 곳이라는 걸 알지 못했습니다. 그곳에서 왕을 제외한 모든 사람

10

은 곧 신하였기 때문입니다.

드디어 누군가의 왕이 될 수 있게 되었다는 사실이 몹시 뿌듯했던 왕이 그에게 말했습니다.

"내가 잘 볼 수 있도록 이리 가까이 오게나."

어린 왕자는 앉을 곳을 찾아 주변을 둘러보았지만, 왕의 화려한 모피 코트에 온 별이 뒤덮여 있었습니다. 피곤했던 그는 선 채로 하품을 했습니다.

왕이 그에게 말했습니다.

"왕 앞에서 하품하는 것은 예법에 어긋나는 일이다. 하품하기를 금한다."

당황한 어린 왕자가 대답했습니다.

"그건 제가 어떻게 할 수 있는 일이 아니에요. 저는 긴 여행을 했고 잠을 자지 못했어요……."

왕이 말했습니다.

"그렇다면 하품하는 것을 명한다. 나는 지난 몇 년 동안 하품하는 사람을 보지 못했다. 그 모습이 신기하구나. 자! 다시 하품을 해 보거라. 이건 명령

이다.”

어린 왕자는 얼굴이 빨개져서 대답했습니다.

“겁이 나서…… 더는 나오지 않아요…….”

왕이 말했습니다.

“흠! 흠! 그렇다면 어떨 때는 하품을 하고 어떨 때는 하품을 하지 않는 것을 명하겠다…….”

중얼거리던 왕은 기분이 조금 상한 듯했습니다.

왜냐하면 그 왕은 자신의 권위가 존중받는 걸 무엇보다 중요하게 생각했기 때문입니다. 그는 불복종을 용납하지 않는 절대군주였습니다. 하지만 그는 아주 현명했기 때문에, 온당한 명령을 내렸습니다.

평상시에 왕은 이렇게 말하곤 했습니다.

‘만일 내가 어떤 장군에게 바닷새로 변할 것을 명령하고, 장군이 명령에 복종하지 않는다면, 그것은 장군의 잘못이 아니다. 나의 잘못이다.’

어린 왕자가 수줍게 물었습니다.

“좀 앉아도 될까요?”

왕이 모피 망토 자락을 위엄 있게 끌어올리며 대답했습니다.

"앉기를 명한다."

그렇지만 어린 왕자는 이상하다고 생각했습니다. 이렇게 작은 별에서, 왕은 무엇을 다스리는 것이었을까?

어린 왕자가 말했습니다.

"폐하…… 이런 질문을 하는 것을 용서하세요."

왕이 서둘러 말했습니다.

"질문할 것을 명한다."

"폐하…… 폐하는 무엇을 다스리십니까?"

왕이 아주 명쾌히 대답했습니다.

"모든 것을."

"모든 것을요?"

왕은 신중한 손짓으로 자신의 별과, 다른 행성과 소행성을 가리켰습니다.

어린 왕자가 말했습니다.

"이 모든 것을요?"

왕이 대답했습니다.

"이 모든 것을.……."

그는 절대군주일 뿐 아니라, 온 우주의 군주였던 것입니다.

"그럼 별들이 폐하께 복종하나요?"

왕이 말했습니다.

"물론이지. 별들은 모두 내게 복종하며, 나는 불복종을 용납하지 않는다."

그의 권력은 어린 왕자를 감탄하게 만들었습니다. 어린 왕자에게 그런 권력이 있었다면, 의자를 끌어당기지 않고도 하루에 마흔네 번이 아닌, 일흔두 번, 아니 백 번, 아니 이백 번의 노을도 볼 수 있었을 테니까요! 그렇게 자신이 떠나온 작은 별의 기억에 조금 슬퍼진 어린 왕자는, 왕의 은총을 간청했습니다.

"해가 지는 걸 보고 싶어요…… 저를 위해 해가

저물도록 명령해주세요……."

"만일 내가 한 장군에게 나비처럼 이 꽃에서 저 꽃으로 날아다니라든지, 슬픈 연극 한 편을 쓰라든지, 바닷새로 변하라고 명령했는데, 만일 그 장군이 내 명령을 수행하지 않는다면, 짐과 장군 둘 중에 누가 잘못했다고 할 수 있겠는가?"

어린 왕자가 단호하게 대답했습니다.

"폐하의 잘못이 되겠지요."

왕은 말을 이어갔습니다.

"옳다. 해낼 수 있는 일을 요구해야 하는 것이다. 권위는 무엇보다 이치에 근거한다. 만일 그대가 그대의 백성에게 바다에 뛰어들라고 명령한다면, 그는 혁명을 일으키겠지. 내가 복종을 요구할 수 있는 것은 내 명령이 이치에 맞는 것이기 때문이다."

자신이 던진 질문을 결코 잊는 법이 없는 어린 왕자가 다시 물었습니다.

"그렇다면 제 노을은요?"

"그대는 노을을 볼 수 있을 것이다. 내가 그것을 요구할 것이니까. 하지만 내 통치관을 이루는 조건이 적합할 때를 기다릴 것이다."

어린 왕자가 물었습니다.

"그게 언제인데요?"

왕은 커다란 달력을 꺼내 살피며 답했습니다.

"흠! 흠! 그것…… 그것은…… 오늘 저녁 7시 40분 무렵이 될 것이다! 그리고 그대는 내 명령이 얼마나 잘 이행되는지 알게 될 것이다."

어린 왕자는 하품했습니다. 노을을 볼 수 없는 것이 아쉬웠습니다. 그는 벌써 조금 싫증이 나버렸습니다.

그가 왕에게 말했습니다.

"더 이상 여기서는 제가 할 일이 없어요. 저는 떠날래요!"

신하 한 명을 가지게 되어 너무도 자랑스러웠던 왕이 대답했습니다.

"떠나지 말거라, 그대를 장관직에 명하겠다!"

"무슨 장관인데요?"

"음…… 법무장관!"

"하지만 여기엔 재판할 사람이 없는걸요!"

왕이 대답했습니다.

"그건 알 수 없지. 나는 아직 내 왕국을 돌아보지 못했다. 나는 몹시 늙었고, 사륜마차를 둘 자리도 없는 데다, 걷는 건 힘에 부치거든."

어린 왕자는 별의 반대편을 둘러보기 위해 허리를 숙이며 말했습니다.

"오! 하지만 저는 이미 봐버린걸요. 저쪽에도 아무도 없어요……."

왕이 대답했습니다.

"그렇다면 그대 자신을 심판하라. 그것은 가장 어려운 일이다. 남을 심판하는 것보다 자신을 심판하는 것이 훨씬 어려운 일이지. 만일 그대가 그대 자신을 심판하는 데 성공한다면, 그대는 진정한 현자가 되는 것이다."

어린 왕자가 말했습니다.

"저는 어디서든 저 자신을 심판할 수 있어요. 이곳에 살 필요는 없어요."

왕이 말했습니다.

"흠! 흠! 분명 내 별 어딘가에 늙은 쥐 한 마리가 있을 것이야. 밤이면 그 소리가 들리거든. 그대는 그 쥐를 심판할 수 있을 것이다. 종종 그 쥐에게 사형 선고를 내릴 것이고, 결국 그 쥐의 목숨은 그대의 손에 달리게 되겠지. 하지만 그대는 쥐를 아끼기 위해 매번 형을 감면해주게 될 것이야. 쥐는 한 마리밖에 없으니까."

어린 왕자가 대답했습니다.

"저는 사형 선고를 내리는 것을 좋아하지 않아요. 이제 정말 떠나야겠어요."

왕이 말했습니다.

"안 된다."

하지만 채비를 끝낸 어린 왕자는, 늙은 군주와 말싸움을 하고 싶지 않았습니다.

"만일 폐하께서 매번 복종을 받길 원하신다면, 이치에 맞는 명령을 내리시면 돼요. 예를 들면, 1분 안에 이 별을 떠나라는 명령 같은 것을요. 제가

보기에는 모든 조건이 갖춰진 것 같은데요……."

왕은 아무 대답도 하지 않았습니다. 어린 왕자는 잠시 주저했다가, 한숨을 한 번 내쉬고는, 그 별을 떠났습니다.

왕이 급하게 소리쳤습니다.

"그렇다면 그대를 나의 대사로 임명하겠다."

그는 아주 위엄 있는 모습이었습니다.

'어른들은 참 이상해.'

여행길에 오른 어린 왕자는 혼자 생각했습니다.

두 번째 별에는 허영심 많은 사람이 살고 있었습니다.

"아하! 드디어 숭배자가 방문했군!"

어린 왕자를 발견한 그가 멀리서 소리쳤습니다.

왜냐하면 허영심 많은 사람에게 모든 사람은 곧 숭배자기 때문입니다.

어린 왕자가 말했습니다.

"안녕하세요. 이상한 모자를 쓰고 있네요."

허영심 많은 사람이 대답했습니다.

"답례를 하기 위해서야. 사람들이 박수를 치면 답례를 해야 하니까. 다만 불행하게도 이곳을 지나는 사람은 아무도 없단다."

그의 말을 이해하지 못한 어린 왕자가 말했습니다.

11

"그게 무슨 말이에요?"
그가 말했습니다.
"손뼉을 한번 쳐보렴."
어린 왕자는 손뼉을
쳤습니다. 허영심 많
은 사람은 모자를 들
며 겸손하게 허리를
숙였습니다.

'아, 이건 왕을 방문
했을 때보다 재미있
네.'
속으로 생각한 어린
왕자는 다시 손뼉을 치
기 시작했습니다. 허영심
많은 사람은 다시 자신의 모자를 들며 허리를 숙여
인사했습니다.
5분쯤 그러고 나니 어린 왕자는 단조로운 놀이에

싫증이 났습니다.

그가 물었습니다.

"근데 모자가 바닥에 떨어지게 하려면 어떻게 해야 하죠?"

하지만 허영심 많은 사람은 그의 말을 듣지 않았습니다. 그는 칭찬 말고는 아무것도 듣지 못하거든요.

그가 어린 왕자에게 물었습니다.

"너는 정말 나를 많이 숭배하니?"

"'숭배한다.'라는 게 무슨 뜻이에요?"

"'숭배한다.'라는 건 내가 이 별에서 가장 아름답고, 가장 잘 차려입고, 가장 부자이며, 가장 똑똑하다는 걸 인정한다는 뜻이지."

"하지만 아저씨는 이 별에 혼자인걸요!"

"내가 그 기쁨을 누리도록 해줘. 어찌 되었든 나를 숭배해줘!"

어린 왕자가 어깨를 으쓱대며 말했습니다.

"아저씨를 숭배해요. 근데 이게 아저씨한테 무슨 도움이 되지요?"

어린 왕자는 그렇게 떠나버렸습니다.

'어른들이란 정말이지 너무 이상해.'

여행길에 오른 그는 그저 속으로 그렇게 생각했습니다.

12

　다음 별에는 주정뱅이가 살고 있었습니다. 그 방문은 아주 짧았지만, 어린 왕자를 깊은 슬픔에 잠기게 했습니다.

　"여기서 무얼 하고 있어요?"

　그가 주정뱅이에게 말했습니다. 주정뱅이는 빈 술병과 새 술병을 전시해둔 채 그 앞에서 침묵을 지키고 있었습니다.

　"술을 마시지."

　주정뱅이가 침울한 모습으로 대답했습니다.

　"왜 술을 마시는데요?"

　어린 왕자가 그에게 물었습니다.

　"잊기 위해서."

　주정뱅이가 대답했습니다.

　"무엇을 잊는데요?"

12

그가 가엾어진 어린 왕자가 물었습니다.
"창피함을 잊기 위해서."

주정뱅이가 고개를 떨어뜨리며
고백했습니다.
"무엇이 창피한데요?"
그를 돕고 싶었던 어린 왕자가 물었
습니다.
"술을 마신다는 것이!"
주정뱅이는 그 말을 끝으로 다시 깊
은 고요에 잠겼습니다.

당황한 어린 왕자는 그대로 별을 떠났습니다.
'어른들은 정말이지, 너무 너무 이상해.'
여행길에 오른 그는 혼자 그렇게 생각했습니다.

네 번째 별에는 사업가가 살고 있었습니다. 그 사람은 어린 왕자의 등장에도 고개를 들 수조차 없을 정도로 바빴습니다.

"안녕하세요. 담뱃불이 꺼져있네요."

어린 왕자가 말했습니다.

"셋에 둘을 더하면 다섯이 되지. 다섯에 일곱을 더하면 열둘이. 열둘에 셋을 더하면 열다섯. 안녕. 열다섯에 일곱을 더해서 스물둘. 스물둘에 여섯을 더해서 스물여덟. 담뱃불을 다시 붙일 시간이 없어. 스물여섯에 다섯을 더해서 서른하나. 휴! 그러면 오억 일백육십이만 이천칠백삼십일이 되겠군!"

"뭐가 오억이라고요?"

"응? 아직 여기 있었니? 오억 일백만의…… 뭔지 잊어버렸어…… 나는 할 일이 아주 많거든! 나는

13

시시한 이야기는 좋아하지 않아! 둘에 다섯을 더하면 일곱……."

"뭐가 오억이라는 말이에요?"

한 번 던진 질문은 절대 거둔 적이 없는 어린 왕자가 다시 물었습니다.

사업가는 고개를 들었습니다.

"이곳에 산 지 54년이 되었지만, 방해를 받은 건 단 세 번뿐이야. 첫 번째는, 22년 전이었는데, 어

155 🐿️

디서 떨어졌는지 모를 풍뎅이 한 마리 때문이었어. 그놈이 끔찍한 소리를 내며 다니는 바람에 계산을 네 번이나 틀렸지 뭐야. 두 번째는 11년 전 찾아온 류머티즘 때문이야. 나는 운동 부족이거든. 산책할 시간이 없지 뭐니. 이게 다 중대한 일을 하는 사람이라는 증거란다. 세 번째는…… 바로 지금이야! 그러니까 오억 일백만의…….”

“뭐가 몇억 개나 있는데요?”

사업가는 어린 왕자가 자신을 가만히 내버려 둘 리가 없다는 걸 깨달았습니다.

“하늘에서 볼 수 있는 작은 것들이 몇억 개가 있다는 말이야.”

“파리들을 말하는 거예요?”

“아니, 반짝이는 작은 것들 말이야.”

“꿀벌들인가요?”

“아니야. 금빛으로 반짝이는 작은 것들. 게으름뱅이들을 몽상에 잠기게 하는 것들. 하지만 나는

진지한 사람이야! 나는 몽상에 빠질 시간이 없어.”

“아! 별들을 말하는 거군요?”

“맞아. 별들이야.”

“근데 오억 개가 어쨌다는 건데요?”

“오억 일백육십이만 이천칠백삼십일 개지. 나는 진지한 사람이고, 나는 정확하단다.”

“별들로 무엇을 하는데요?”

“무엇을 하느냐고?”

“네.”

“아무것도. 나는 그것들을 가지고 있지.”

“별을 가지고 있다고요?”

“응.”

“나는 전에 왕을 한 명 만났 적이 있는데…….”

“왕은 별들을 가지고 있지 않아. 별을 ’지배’하지. 그건 아주 다른 거야.”

“별들을 가지고 있는 게 무슨 소용이 있어요?”

“나를 부자로 만들어 준단다.”

"부자가 되는 건 또 무슨 소용이 있는데요?"

"다른 사람이 발견한 또 다른 별을 살 수 있도록 해줘."

'이 사람도 주정뱅이처럼 생각하는 경향이 있군.'

어린 왕자는 생각했습니다.

그는 계속해서 다른 질문들을 던졌습니다.

"어떻게 별을 가질 수 있는 건데요?"

"별들이 누구의 것이지?"

깐깐한 사업가가 되물었습니다.

"몰라요. 그 누구의 것도 아니에요."

"그러니 내 것이야. 내가 제일 먼저 생각했으니까."

"그게 다예요?"

"당연하지. 네가 주인 없는 다이아몬드를 발견했다면, 그건 네 것이 되는 거야. 주인 없는 섬을 발견했다면, 그건 네 것이야. 네가 처음으로 생각해낸 아이디어가 있다면, 너는 특허를 받을 수 있지. 그리고 나는 별들을 가질 수 있지. 나 이전엔 아무

도 그것들을 가질 생각을 하지 못했기 때문이지.”

“일리가 있네요. 그럼 그 별들로는 무엇을 하는 데요?”

“그것들을 관리하지. 개수를 세고 또 세. 그건 어려운 일이야. 하지만 나는 정확한 사람이니까!”

사업가가 말했습니다.

어린 왕자는 그래도 만족하지 못했습니다.

“만일 내게 스카프가 있다면, 나는 그것을 목에 두르고 다닐 수 있어요. 만일 내게 꽃이 있다면, 나는 그것을 채취해서 가지고 다닐 수 있다는 말이에요. 하지만 아저씨는 별을 딸 수 없어요!”

“맞아. 하지만 은행에 넣어둘 수 있지.”

“그게 무슨 말이에요?”

“그건 별의 개수를 작은 종이에 적고 그 종이를 서랍장에 넣은 뒤 자물쇠를 걸어두는 걸 의미하지.”

“그게 다예요?”

“그거면 충분하지!”

'재미있는 일이네. 제법 시적이긴 해. 하지만 중요하다고는 할 수는 없어.'

어린 왕자는 생각했습니다.

어린 왕자는 진지한 일에 관해서라면 어른들과 아주 다른 생각을 하고 있었습니다.

"있잖아요, 내게 꽃이 있다면 나는 그것에 매일 물을 줘요. 나한테는 세 개의 화산이 있고 나는 매주 그것들을 청소해요. 이미 꺼진 화산도 청소해야 해요. 혹시 또 모르는 일이니까요. 그건 내가 가진 화산에게 도움이 되는 일이에요. 그리고 내가 가진 꽃에게도 도움이 되는 일이고요. 하지만 아저씨는 별들에게 도움이 되지 않아요……."

사업가는 입을 벌렸지만 대답할 말을 찾지 못했습니다. 어린 왕자는 그렇게 떠나버렸습니다.

'어른들은 정말이지, 몹시도 이상하다니까.'

여행길에 오른 어린 왕자는 그저 속으로 그렇게 생각했습니다.

다섯 번째 별은 몹시도 호기심을 자극했습니다. 그건 별 중에서도 가장 작은 별이었습니다. 그곳엔 가로등 하나와 가로등 켜는 점등인 한 명이 겨우 서 있을 만한 공간이 전부였습니다. 어린 왕자는, 이 하늘 어딘가 집도 사람도 없는 별에 가로등과 점등인이 왜 필요한지 이해하기가 어려웠습니다. 그러나 그는 이렇게 생각했습니다.

'어쩌면 이 사람은 상식 밖의 사람일지도 몰라. 그렇지만 왕이나 허영쟁이, 사업가나 주정뱅이보다는 덜 상식 밖의 사람일 것이야. 그가 가로등을 켤 때 그건 별이나 꽃을 하나 더 태어나게 하는 것과 같아. 그가 가로등을 끌 때는, 꽃이나 별을 잠들게 하는 것일 테지. 그건 아주 아름다운 일이야. 아름답다는 건 곧 아주 이롭다는 걸 뜻하지.'

14

그 별에 도착한 어린 왕자는 점등인에게 공손하게 인사했습니다.

"안녕하세요. 방금 왜 가로등을 끈 거예요?"

점등인이 대답했습니다.

"명령이어서. 좋은 아침."

그리고 그는 가로등을 켰습니다.

어린 왕자가 말했습니다.

"이해가 가지 않아요."

점등인이 대답했습니다.

"이해할 필요는 없어. 명령은 그냥 명령이거든. 잘 자."

그는 다시 가로등을 껐습니다. 그리곤 빨간 체크무늬 손수건으로 이마의 땀을 닦았습니다.

"나는 너무 힘든 일을 하고 있단다. 한때는 이치에 맞는 일이었지. 아침에 불을 켜고 저녁에 끄면 됐으니까. 낮에 남는 시간에는 쉴 수 있었고, 밤에 남는 시간에는 잠을 잘 수 있었지……."

나는 너무 힘든 일을 하고 있단다.

"그래서 지금은 명령이 바뀌었나요?"

점등인이 말했습니다.

"명령은 바뀌지 않았어. 거기서 비극이 일어난 것이란다! 이 별은 해마다 점점 더 빨리 회전하게 되었지만, 명령은 바뀌지 않았거든!"

어린 왕자가 말했습니다.

"그래서요?"

"이제는 별이 1분에 한 번 돌기 때문에, 나는 잠시도 쉴 수가 없게 된 거지. 나는 매분 가로등을 켜고 끄는 걸 반복한단다!"

"그것참 재미있네요! 아저씨 별에서는 하루가 1분이라니!"

점등인이 말했습니다.

"전혀 재미있지 않아. 우리가 떠드는 사이 벌써 한 달이 흘렀으니까."

"한 달이나요?"

"응. 30분이니까 30일이지! 잘 자."

그리고 그는 다시 가로등을 켰습니다.

어린 왕자는 점등인을 바라보았습니다. 명령에 그토록 충성하는 그가 마음에 들었습니다. 그는 자신의 의자를 당기며 노을을 보던 기억을 떠올렸습니다. 그는 친구를 돕고 싶었습니다.

"있잖아요…… 아저씨가 원하면 쉴 수 있는 방법을 하나 알고 있어요."

점등인이 말했습니다.

"나는 항상 쉬고 싶어."

사람이란 성실하면서도 게으를 수 있습니다.

어린 왕자는 계속해서 말을 이어갔습니다.

"아저씨 별은 너무 작아서 큰 걸음으로 세 번이면 모두 돌 수 있어요. 언제나 햇빛 아래에서 머물고 싶으면 천천히 걷기만 하면 돼요. 쉬고 싶을 때마다 걷는 거지요…… 그러면 아저씨가 원하는 만큼 낮이 길어질 거예요."

점등인이 말했습니다.

"그건 내게 별로 도움이 안 되겠어. 내가 인생에서 좋아하는 건 잠을 자는 거니까."

어린 왕자가 말했습니다.

"운이 없군요."

점등인이 말했습니다.

"운이 없지. 좋은 아침."

그는 다시 가로등을 껐습니다.

어린 왕자는 여행을 계속하며 이렇게 생각했습니다.

'그는 왕이든, 허영쟁이든, 주정뱅이든, 사업가든, 모두로부터 업신여김을 당하겠지만, 내가 보기에 그는 유일하게 우스워 보이지 않는 사람이야. 그건 그가 자신이 아닌 다른 것을 돌보기 때문이겠지.'

그는 아쉬움에 한숨을 한 번 내쉬고는, 이렇게도 생각했습니다.

'그는 내가 친구로 삼을 수 있는 유일한 사람일

거야. 하지만 그의 별은 너무도 작아. 두 사람이 살 수는 없어……. '

무엇보다 그 축복받은 별이 아쉽게 느껴지는 것은 24시간 동안 1,440번의 노을을 볼 수 있다는 점이라는 사실을, 어린 왕자는 차마 인정하지 못했습니다.

15

여섯 번째 별은 그보다 열 배는 더 넓은 곳이었습니다. 그곳엔 엄청나게 두꺼운 책을 쓰고 있는 노신사가 살고 있었습니다.

어린 왕자를 본 그가 소리쳤습니다.

"어라! 웬 탐험가가 나타났군!"

어린 왕자는 테이블 위에 앉아 숨을 가다듬었습니다. 벌써 얼마나 많은 곳을 돌아다녔던가요!

노신사가 물었습니다.

"너는 어디서 왔니?"

어린 왕자가 말했습니다.

"이 두꺼운 책은 뭐예요? 여기서 무얼 하고 계신 건가요?"

"나는 지리학자란다."

노신사가 대답했습니다.

"지리학자가 뭐 하는 사람인데요?"

"바다와, 강과, 도시와, 산과, 사막이 어디에 있는지를 아는 학자이지."

어린 왕자가 말했습니다.

"그것참 흥미롭네요. 드디어 제대로 된 직업을 만났군요!"

그리고 그는 지리학자의 별을 둘러보았습니다. 지금까지 그는 그토록 장엄한 별을 본 적이 없었습

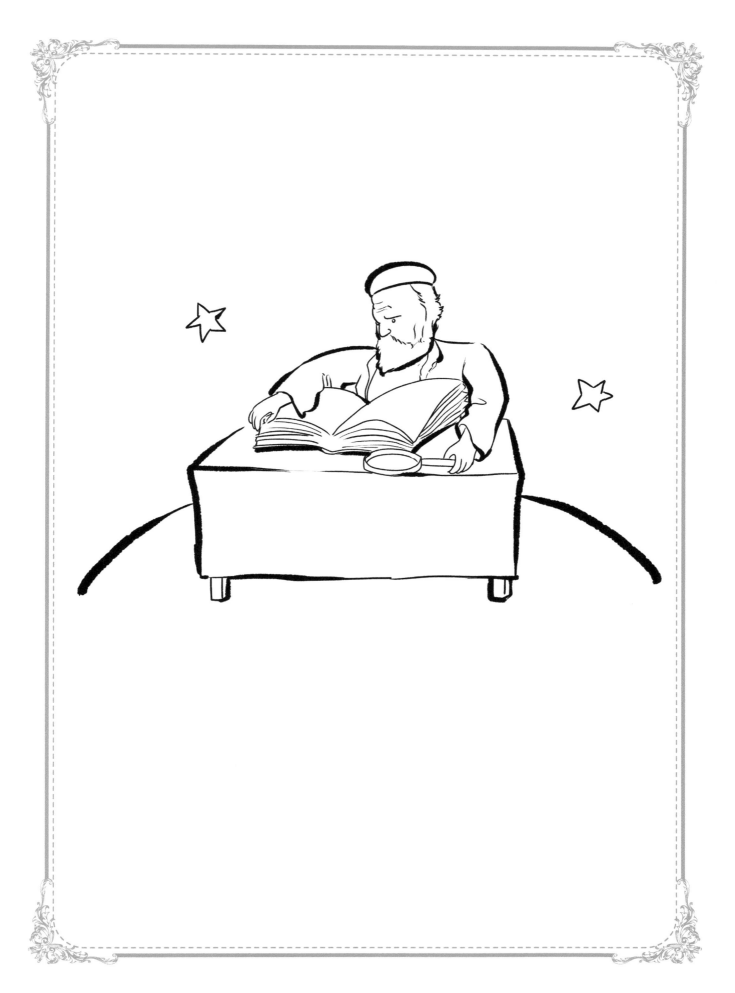

니다.

"할아버지네 별은 참 아름다워요. 이곳에 큰 바다도 있을까요?"

지리학자가 대답했습니다.

"그건 아직 알아내지 못했어."

"아! (어린 왕자는 실망했습니다.) 그렇다면 산은요?"

지리학자가 대답했습니다.

"아직 알아내지 못했지."

"그렇다면 도시와 강과 사막은요?"

지리학자가 대답했습니다.

"그것 역시 알아내지 못했지."

"하지만 할아버지는 지리학자라면서요!"

지리학자가 말했습니다.

"맞아. 하지만 나는 탐험가는 아니야. 이곳엔 탐험가가 많이 부족하거든. 도시와 강, 산과 작은 바다, 큰 바다, 그리고 사막의 개수를 세는 것은 지리

학자의 일이 아니란다. 떠돌아다니기에 지리학자는 너무도 중요한 인물이지. 지리학자는 자신의 책상을 떠나선 안 돼. 하지만 그는 탐험가들을 맞아들이지. 그들에게 질문하고, 그들의 기억을 글로 정리하지. 그리고 만일 그중 흥미로운 기억이 있다면, 지리학자는 탐험가의 도덕성을 조사할 거야."

"어째서죠?"

"왜냐하면 거짓말을 하는 탐험가는 지리학자의 책에 커다란 재앙을 불러올 테니까. 그리고 지나치게 술을 마시는 탐험가도 마찬가지지."

어린 왕자가 물었습니다.

"어째서죠?"

"왜냐하면 주정뱅이들은 세상을 두 개로 보거든. 그렇게 되면 지리학자는 산이 하나뿐인데도 두 개의 산이 있다고 기록할 수밖에 없어."

어린 왕자가 말했습니다.

"형편없는 탐험가가 될 만한 사람을 저도 한 명

알고 있어요."

"그럴 수 있지. 그러니까, 탐험가의 도덕성이 훌륭하다고 판단될 때, 그가 발견한 사실을 조사하는 거야."

"그가 발견한 걸 보러 가나요?"

"아니. 그건 너무 번거로워. 하지만 탐험가에게 증거를 제시하라고 요구하지. 그가 만일 아주 커다란 산을 발견했다면, 아주 커다란 돌멩이를 가져오라고 하는 거야."

지리학자는 난데없이 흥분해서 말했습니다.

"하지만 너는, 너는 멀리서 왔지! 너는 탐험가야! 네 별이 어떻게 생겼는지 알려주련?"

장부를 펼친 지리학자는 연필을 깎았습니다. 탐험가의 이야기는 일단 연필로 받아 적습니다. 탐험가가 증거를 제시하면 그때서야 잉크를 사용합니다.

지리학자가 재촉했습니다.

"자, 그래서?"

어린 왕자가 말했습니다.

"오! 저희 집은요, 그렇게 흥미롭지 않아요. 아주 작으니까요. 제게는 세 개의 화산이 있어요. 두 개의 화산은 불이 붙어있고, 나머지 하나는 꺼졌어요. 하지만 혹시 또 몰라요."

지리학자가 말했습니다.

"혹시 또 모른다."

"그리고 제게는 꽃 한 송이가 있기도 해요."

지리학자가 말했습니다.

"우리는 꽃은 기록하지 않아."

"어째서요! 그렇게 아름다운걸!"

"꽃들은 덧없기 때문이야."

"'덧없다.'라는 게 무슨 뜻이에요?"

지리학자가 말했습니다.

"지리학은, 모든 학문 중에서도 가장 진지한 학문이야. 시대에 뒤처지는 법이 없지. 산이 자리를

옮겨가는 건 아주 드문 일이거든. 큰 바다의 물이 갑자기 마르는 것 역시 아주 드문 일이고. 우리는 영원한 것들을 기록하지.”

어린 왕자가 그의 말을 끊었습니다.

“하지만 꺼진 화산도 다시 불이 붙을 수 있잖아요. ‘덧없다.’라는 게 무슨 뜻이에요?”

지리학자가 말했습니다.

“화산의 불이 꺼지거나 다시 붙는 건 우리에게 의미가 없어. 우리에게 중요한 건, 산이야. 변하지 않는 산.”

살면서 한 번 던진 질문은 거두는 법이 없는 어린 왕자가 다시 물었습니다.

“그래서 ‘덧없다.’라는 게 무슨 뜻인데요?”

“그건 ‘곧 사라질 위기에 처했다.’라는 것을 의미하지.”

“내 꽃이 곧 사라질 위기에 처했다고요?”

“물론이지.”

'내 꽃은 덧없는 것이구나. 세상과 싸우는 데 가시 네 개를 가졌을 뿐이니까! 그리고 나는 그런 꽃을 내 별에 혼자 내버려 두었구나!'

어린 왕자는 그때 처음으로 후회의 감정을 느꼈습니다. 하지만 그는 곧 다시 용기를 냈습니다.

어린 왕자가 물었습니다.

"제가 어느 별을 방문했으면 좋겠어요?"

지리학자가 대답했습니다.

"지구. 그 별은 평판이 좋거든……."

어린 왕자는 자신의 꽃을 생각하며, 지구를 향해 떠났습니다.

그렇게 도착한 일곱 번째 별은 지구였습니다.

지구는 보통 별이 아니었습니다! 백십일 명의 왕 (물론, 당연히 흑인 왕도 포함해서), 칠천 명의 지리학자, 구십만 명의 사업가, 칠백오십만 명의 주정뱅이, 삼억천백만 명의 허영쟁이, 즉 거의 이십억 명의 어른들이 살고 있습니다.

전기가 발명되기 전까지 여섯 개의 대륙을 통틀어 사십육만 이천오백십일 명에 달하는, 진짜 군대에 버금가는 점등인 군단이 존재했다는 사실을 통해 지구의 크기를 가늠해볼 수 있습니다.

조금 멀리서 바라봤을 때 그건 휘황찬란한 광경을 자아냈습니다. 점등인들은 오페라 발레단처럼 질서정연하게 움직였습니다. 뉴질랜드와 호주 군단의 차례가 먼저 찾아오면, 그들은 가로등을 켜고

16

잠을 청하러 갑니다. 뒤이어 등장한 중국과 시베리아의 군단이 무대 뒤로 모습을 감추면, 이번엔 러시아와 인도의 군단이 몰려옵니다. 그리고 그 뒤를 아프리카와 유럽의 군단이 따르는 것입니다. 그들은 결코 순서를 헷갈리는 법이 없습니다. 정말이지 웅장한 풍경입니다.

다만 북극의 유일한 점등인과 그의 남극 동료만이 한가하고 만사태평한 생활을 누리고 있었습니다. 그들은 일 년에 단 두 번만 일하면 되었기 때문입니다.

우리는 재치를 부리고자 약간의 거짓말을 하게 될 때가 있습니다. 가로등 켜는 사람들에 대해 이야기하며, 내가 그다지 솔직하지 않았던 건 사실입니다. 지구를 알지 못하는 사람들에게 잘못된 인상을 심어줄 수도 있을 겁니다. 지구에서 인간이 차지하는 공간은 그렇게 크지 않습니다. 만일 지구를 구성하는 20억 인구가 집회에서처럼 빽빽하게 서 있다면, 그들을 길이 이십 마일, 넓이 이십 마일 크기의 광장에 충분히 옮겨놓을 수 있을 것입니다. 태평양의 가장 작은 섬 안에 인구 전체를 차곡차곡 쌓아둘 수도 있을 겁니다.

어른들은, 당연히 그 말을 믿어주지 않을 것입니다. 그들은 자신들이 많은 자리를 차지하고 있다고 생각하기 때문입니다. 그들은 자신들이 바오밥

17

나무처럼 웅장하다고 알고 있습니다. 그렇기에 그들에게는 계산을 해보라고 권하는 것이 맞습니다. 그들은 숫자를 좋아하기에, 행복감을 느낄 수 있을 겁니다. 하지만 여러분은 그 지루한 일과에 시간을 낭비하는 일이 없도록 하세요. 그건 쓸모없는 일이고, 그것에 관해서라면 나를 믿어도 좋습니다.

그렇게 지구에 도착한 어린 왕자는 아무도 보이지 않는 것에 매우 놀랐습니다. 별을 잘못 찾아온 것이 아닌가 하고 겁을 먹던 중에, 웬 달빛의 고리 하나가 모래 위를 움직이는 것이었습니다.

혹시나 싶었던 어린 왕자가 인사했습니다.

"좋은 저녁이야."

뱀이 대답했습니다.

"좋은 저녁이야."

어린 왕자가 물었습니다.

"내가 지금 어느 별에 있는 거야?"

뱀이 대답했습니다.

"지구야. 여긴 아프리카고."

"아! 그렇다면 지구에는 아무도 없니?"

뱀이 말했습니다.

"이곳은 사막이야. 사막에는 아무도 없어. 지구는 넓은 곳이야."

어린 왕자는 돌 위에 앉아서 하늘을 올려다보았습니다.

그가 말했습니다.

"나는 말이야, 별들이 빛나는 이유가 사람들이 자기 별을 찾을 수 있도록 하기 위해서인 것 같아. 저기 내 별을 봐. 바로 우리 위에 있어…… 그렇지만 저렇게 멀리 있다니!"

뱀이 말했습니다.

"아름다운 별이네. 이곳엔 무슨 일로 왔니?"

어린 왕자가 말했습니다.

"어떤 꽃 한 송이와 문제가 있었단다."

뱀이 말했습니다.

"아!"

그리고 그들은 아무 말도 하지 않았습니다.

어린 왕자가 다시 말했습니다.

"사람들은 어디 있어? 사막은 어쩐지 외로운 것 같아."

뱀이 말했습니다.

"사람들 사이에 있어도 외로운 건 마찬가지야."

어린 왕자는 한참이나 뱀을 쳐다보았습니다.

한참 만에, 어린 왕자가 말했습니다.

"너는 참 이상한 동물이야. 마치 손가락처럼 가늘어……."

뱀이 말했습니다.

"하지만 나는 왕의 손가락만큼이나 힘이 세지."

어린 왕자는 미소를 지었습니다.

"너는 그렇게 세지 않아…… 너는 다리도 없는 걸…… 너는 여행을 할 수 없잖아……."

뱀이 말했습니다.

"나는 배보다 너를 멀리 데려가 줄 수도 있어."

그는 어린 왕자의 발목을 휘감았습니다. 꼭 금으로 된 팔찌 같았습니다.

뱀이 다시 말했습니다.

"누구든 내가 건드린 사람은, 자기가 왔던 땅으로 돌아가게 돼. 하지만 너는 순수하고, 또 별에서 왔지⋯⋯."

어린 왕자는 아무 대답도 하지 않았습니다.

"너처럼 약한 아이가 이렇게 쓸쓸한 지구에 있는 걸 보니 마음이 아파. 언젠가 네 별이 너무 그리워지면, 그때 내가 널 도와줄 수 있을 거야. 나는⋯⋯."

"아! 잘 알겠어. 너는 근데 왜 항상 수수께끼 같은 말을 하는 거야?"

뱀이 말했습니다.

"나는 수수께끼를 죄다 풀어버리거든."

그리고 그들은 아무 말도 하지 않았습니다.

너는 참 이상한 동물이야. 마치 손가락처럼 가늘어…….

213 🦊

사막을 지나던 어린 왕자는 꽃 한 송이를 만났습니다. 세 잎의 꽃잎을 가진 꽃이었습니다. 그 누구의 것도 아닌 꽃…….

"안녕하세요."

어린 왕자가 인사했습니다.

"안녕하세요."

꽃이 대답했습니다.

"사람들은 어디에 있나요?"

어린 왕자가 공손하게 물었습니다.

꽃은 언젠가 그곳을 지나갔던 캠핑카를 떠올렸습니다.

"사람들이오? 그들은 여섯인가 일곱인가 돼요. 몇 년 전에 그들을 본 적이 있답니다. 하지만 어딜 가야 찾을 수 있는지는 모르겠어요. 바람이 그들을

날려 보내거든요. 그들은 뿌리가 없는데, 그건 참
불편한 일이랍니다."

"잘 있어요."

어린 왕자가 말했습니다.

"잘 가요."

꽃이 말했습니다.

217

19

    어린 왕자는 높은 산을 올랐습니다. 지금까지 그가 알았던 산이라고는 화산 세 개가 전부였고, 그것들은 그의 무릎까지 올 뿐이었습니다. 그 가운데 꺼진 화산은 의자로 쓰였지요.

    '이렇게 높은 산에 오르면, 지구 전체와 모든 사람을 한눈에 볼 수 있겠지…….

    그는 생각했습니다. 하지만 바늘처럼 뾰족한 봉우리들밖에 보이지 않았습니다.

"안녕."

어린 왕자가 인사했습니다.

"안녕…… 안녕…… 안녕……."

메아리가 답했습니다.

"당신은 누구인가요?"

어린 왕자가 말했습니다.

19

참 이상한 별이야! 이 별은 온통 메마르고 뾰족하고 무서워 보여.

"당신은 누구인가요…… 당신은 누구인가요…… 당신은 누구인가요…….

메아리가 답했습니다.

"제 친구가 되어주세요…… 저는 외톨이에요."

그가 말했습니다.

"저는 외톨이에요…… 저는 외톨이에요…… 저는 외톨이에요…….

메아리가 답했습니다.

'참 이상한 별이야! 이 별은 온통 메마르고 뾰족하고 무서워 보여. 그리고 인간들은 상상력이 부족해. 뭐든 듣는 대로 따라 할 뿐이라니까…… 우리 별엔 꽃이 한 송이 있는데, 그 꽃은 언제나 먼저 말을 걸어왔지…….'

어린 왕자는 생각했습니다.

20

　오랜 시간 동안 모래와 바위와 눈 위를 걷던 어린 왕자는 마침내 길을 하나 찾았습니다. 길은 모두 사람들이 사는 곳으로 이어져 있었습니다.

　그가 인사했습니다.

　"안녕하세요."

　그곳은 장미꽃이 피어있는 정원이었습니다.

　장미꽃들이 인사했습니다.

　"안녕하세요."

　어린 왕자는 그들을 바라보았습니다. 그들은 모두 자신의 꽃과 꼭 닮은 모습이었습니다.

　어린 왕자는 몹시 놀라 물었습니다.

　"당신들은 누구인가요?"

　장미꽃들이 말했습니다.

　"우리는 장미꽃이에요."

20

어린 왕자가 말했습니다…….

"아!"

그리고 그는 몹시 슬퍼졌습니다. 자신의 꽃이 자기는 이 세상에 유일한 종이라고 말했었기 때문입니다. 그리고 이 정원에는, 똑같이 생긴 꽃이 오천 송이는 피어있었습니다.

그는 혼자 생각했습니다.

'내 꽃이 이 풍경을 본다면 몹시 화를 내겠지……
엄청나게 기침을 하곤 우스워 보이지 않도록 죽는

그는 풀밭에 엎드려 울었습니다.

척을 할 거야. 그리고 나는 꽃을 돌보는 척해야 할 거야. 그러지 않으면 나 역시 창피함을 느끼게 하려고, 정말 죽어버릴지도 모르니까…….'

그리고 그는 이렇게도 생각했습니다.

'나는 세상에 유일한 꽃 한 송이 덕에 풍요롭다고 생각했지만, 아주 평범한 꽃을 가지고 있었을 뿐이었어. 내가 가진 건 꽃 한 송이와 무릎까지 오는 세 개의 화산이 전부인데, 그마저도 그중 하나는 영원히 꺼져버렸지. 나는 하찮은 왕자였던 거야…….'

그는 풀밭에 엎드려 울었습니다.

그때, 여우가 나타났습니다.

여우가 인사했습니다.

"안녕."

어린 왕자가 공손하게 대답했습니다.

"안녕."

하지만 그가 뒤를 돌아본 그곳엔 아무도 없었습니다.

목소리가 말했습니다.

"여기야. 사과나무 밑에……."

어린 왕자가 말했습니다.

"너는 누구니? 아주 예쁘게 생겼구나……."

여우가 말했습니다.

"나는 여우야."

어린 왕자가 부탁했습니다.

"나랑 놀자. 나는 너무 슬퍼······."

여우가 말했습니다.

"나는 너랑 놀아줄 수 없어. 나는 길들여지지 않았거든."

어린 왕자가 말했습니다.

"아! 미안해."

그러나 잠시 생각해본 그는 이렇게 덧붙였습니다.

"'길들여진다.'라는 게 무슨 뜻이야?"

여우가 말했습니다.

"너는 다른 곳에서 왔구나. 이곳엔 무얼 찾아왔니?"

어린 왕자가 말했습니다.

"나는 사람들을 찾고 있어. '길들여진다.'라는 게 무슨 뜻이야?"

여우가 말했습니다.

"사람들은 총을 들고 다니고 사냥을 해. 그건 정말 곤란해! 그리고 그들은 닭을 기르지. 그게 그들

의 유일한 관심거리거든. 너도 닭을 찾고 있니?"

어린 왕자가 말했습니다.

"아니야. 나는 친구를 찾고 있어. '길들여진다.'라
는 게 무슨 뜻이야?"

여우가 말했습니다.

"그건 오래전에 잊혀진 일이지. 그건 '관계를 맺
는다.'라는 걸 의미해."

"관계를 맺는다고?"

여우가 말했습니다.

"그렇고말고. 내 눈에 너는 수십만 명의 다른 남자아이들과 똑같은 한 명의 남자아이에 불과해. 그리고 나는 네가 필요 없어. 마찬가지로 너 역시 내가 필요 없지. 나는 네게 있어 수십만 마리의 여우와 똑같이 생긴 한 마리의 여우일 뿐이니까. 하지만 네가 만일 나를 길들인다면, 우리는 서로를 필요로 하게 될 거야. 너는 내게 세상에 하나밖에 없는 존재가 될 테고, 나 역시 너에게 하나밖에 없는 존재가 되겠지…….

"조금 이해가 가는 것 같아. 꽃 한 송이가 있는데…… 그 꽃이 나를 길들인 것 같아…….."

여우가 말했습니다.

"가능한 일이야. 지구에는 온갖 일이 다 존재하니까…….."

어린 왕자가 말했습니다.

"아, 지구에서 있었던 일이 아니야."

여우는 몹시 놀라 물었습니다.

"다른 별에서 그랬단 말이야?"

"맞아."

"그 별에도 사냥꾼들이 있니?"

"아니."

"그것참 흥미가 돋는구나! 그렇다면 닭은?"

"없어."

여우가 한숨을 쉬었습니다.

"완벽한 건 없지."

이윽고 여우는 다시 본론으로 돌아왔습니다.

"내 삶은 단조로워. 나는 닭을 사냥하고, 인간들은 나를 사냥하지. 모든 닭은 서로 닮았고, 모든 인간도 서로 닮았어. 그건 꽤 지루한 일이지. 하지만 네가 만일 나를 길들인다면, 내 삶에도 빛이 들겠지. 나는 어떤 발소리가 다른 발소리와는 다르다는 것을 알아차리게 될 거야. 다른 발소리들은 나를 땅 아래로 숨게 만들지만, 네 발소리는 마치 음악 소리처럼 나를 땅속에서 불러내게 될 거야. 그리고 봐! 저쪽의 밀밭이 보여? 나는 빵을 먹지 않아. 밀은 내게 불필요한 것이야. 나는 밀밭에 관한 어떤 기억도 가지고 있지 않아. 그리고 그건 쓸쓸한 일이지! 하지만 너는 금빛 머리칼을 가지고 있어. 그렇기에 네가 나를 길들인다면 멋진 일이 될 거야! 금빛 밀밭을 보며 나는 너를 떠올릴 거야. 그리고 나는 밀밭의 바람 소리마저 사랑하게 될 거야……."

만일 네가 오후 네 시에 온다면, 나는 세 시부터 행복해질 거야.

여우는 입을 다물고 한참이나 어린 왕자를 바라보았습니다.

여우가 말했습니다.

"제발…… 나를 길들여줘!"

어린 왕자가 말했습니다.

"나도 그러고 싶지만, 내게는 시간이 많지 않아. 나는 친구를 찾아야 하고 많은 것들을 알아가야 해……."

여우가 말했습니다.

"우리는 우리가 길들인 것들만 알 수 있어. 사람들에게는 무엇 하나 알아갈 시간이 없지. 그들은 뭐든 장사꾼에게서 완전히 가공된 것들을 사버리니까. 하지만 친구를 파는 상점은 없으니까, 인간들은 더는 친구를 구할 수 없게 됐지. 친구를 만들고 싶다면, 나를 길들여줘!"

어린 왕자가 물었습니다.

"어떻게 하면 되는 거야?"

여우가 말했습니다.

"아주 참을성이 있어야 해. 우선은 조금 떨어진 풀밭에 앉도록 해. 내가 너를 곁눈질로 보는 동안 아무 말도 하면 안 돼. 말은 오해를 낳거든. 대신, 너는 매일 조금씩 가까이 다가와 앉는 거야……."

어린 왕자는 다음 날 돌아왔습니다.

여우가 말했습니다.

"똑같은 시간에 왔다면 더 좋았을 텐데. 예를 들어, 만일 네가 오후 네 시에 온다면, 나는 세 시부터 행복해질 거야. 그리고 약속된 시간이 다가올수록, 나는 점점 더 행복해지겠지. 네 시가 되자마자 나는 불안해하고 걱정할 거야. 나는 그렇게 행복을 위해 치러야 하는 값을 알게 되겠지! 하지만 네가 아무 때나 나타난다면, 나는 몇 시부터 마음을 준비해야 할지 절대 알지 못할 거야…… 의식이 필요하다는 말이야."

어린 왕자가 말했습니다.

"의식이 뭔데?"

여우가 말했습니다.

"그 또한 오래전에 잊혀진 것이지. 그건 어느 하루를 다른 날들과 다르게, 어느 시간을 다른 시간들과 다르도록 만들어 주는 거야. 예를 들면 사냥꾼들에게도 의식이 존재해. 그들은 목요일마다 마을의 여자아이들과 춤을 춰. 그렇기 때문에 목요일은 환상적인 날이야! 나는 포도밭까지 산책하러 나갈 수 있어. 만일 사냥꾼들이 아무 때나 춤을 추러 간다면, 모든 날은 결국 똑같아지고, 나는 휴가를 얻을 수 없게 될 거야."

그렇게 해서 어린 왕자는 여우를 길들였습니다. 그리고 떠날 시간이 다가왔습니다.

여우가 말했습니다.

"아! 나는 울 것만 같아."

어린 왕자가 말했습니다.

"네 잘못이야. 나는 너를 절대 슬프게 하고 싶지 않았어. 하지만 너는 내가 너를 길들이길 원했지……."

여우가 대답했습니다.

"맞아."

어린 왕자가 말했습니다.

"그래도 너는 울고 말겠지!"

여우가 말했습니다.

"맞아."

"그럼 너는 아무것도 얻는 게 없을 텐데……."

여우가 말했습니다.

"밀밭의 풍경이 있어."

그리고 이렇게 덧붙였습니다.

"장미꽃들을 만나러 가. 네 꽃이 세상에 유일한 꽃이라는 걸 알게 될 거야. 그리고 내게 와서 작별 인사를 해줘. 그때 네게 비밀을 하나 알려줄게."

어린 왕자는 장미꽃들을 보러 돌아갔습니다.

어린 왕자가 말했습니다.

"당신들은 내 꽃과 조금도 닮지 않았어요. 당신들은 아직 아무것도 아니에요. 그 누구도 당신들을 길들이지 않았고 당신들은 그 누구도 길들이지 않았어요. 당신들은 내 여우 같았어요. 그 여우는 다른 수많은 여우와 똑같았지요. 하지만 나는 그를 친구로 삼았고, 그는 이제 내게 세상에 유일한 여우가 되었어요."

꽃들은 몹시 난감해했습니다.

어린 왕자가 말했습니다.

"당신들은 아름답지만 텅 비어있어요. 그 누구도 당신들을 위해 목숨을 바치지 않아요. 당연히, 지나가던 평범한 사람이 내 꽃을 본다면 그 꽃이 장미꽃을 닮았다고 생각하겠지요. 하지만 그 꽃은 당신들 모두를 합친 것보다 중요해요. 내가 그 꽃에 물을 주었기 때문이에요. 내가 그 꽃에 유리 덮개

를 씌워주었고, 바람막이로 보호해주었기 때문이에요. 내가 (나비를 얻기 위한 두어 번을 제외하고) 애벌레들을 죽인 것도 그 꽃 때문이었어요. 그 꽃이 투정을 부리고, 자신을 찬양하거나 입을 꾹 다물어버릴 때 내가 그곳에 있었기 때문에, 그 꽃이 나의 꽃이기 때문이에요."

그렇게 그는 다시 여우에게 돌아갔습니다.
"잘 있어……."
그가 말했습니다.
"잘 가. 내 비밀은 간단해. 마음으로 봐야만 제대로 볼 수 있어. 중요한 것은 눈에 보이지 않아."
여우가 말했습니다.
"중요한 것은 눈에 보이지 않아."
어린 왕자는 그 말을 기억하기 위해 따라 말했습니다.
"네가 너의 장미꽃에 쏟은 시간 덕분에 그 장미꽃

이 중요해진 거야."

"내가 내 장미꽃에 쏟은 시간 덕분에……."

어린 왕자는 그 말을 기억하기 위해 따라 말했습니다.

"사람들은 그 사실을 잊어버렸어. 하지만 너는 잊지 않아야 해. 너는 언제나 네가 길들인 것들에 대해 책임이 있어. 너는 네 장미꽃에 대한 책임이 있는 거야."

"나는 내 장미꽃에 대한 책임이 있어……."

어린 왕자는 그 말을 기억하기 위해 따라 말했습니다.

“안녕하세요.”

어린 왕자가 인사했습니다.

“안녕.”

기차선로를 바꾸는 전철수가 인사했습니다.

“여기서 무얼 하고 있나요?”

어린 왕자가 물었습니다.

“나는 여행객을 분류해. 한 번에 천 명씩. 그들을 실어 나르는 기차를 보내기도 한단다. 어떨 때는 오른쪽으로, 어떨 때는 왼쪽으로.”

전철수가 말했습니다.

그때, 불이 들어온 급행열차가 천둥 같은 소리와 함께 관제실을 뒤흔들며 지나갔습니다.

“다들 급해 보여요. 뭘 찾아서 저렇게 가는 걸까요?”

22

어린 왕자가 물었습니다.

"그건 기관사도 모른단다."

전철수가 대답했습니다.

이번에는 반대편에서 불이 들어온 또 다른 급행열차가 천둥 같은 소리로 땅을 흔들며 지나갔습니다.

"어째서 벌써 돌아오는 거예요?"

어린 왕자가 물었습니다.

"저건 다른 기차야. 서로 길을 바꾸는 거지."

전철수가 대답했습니다.

"갔던 곳에서 원하는 걸 찾지 못한 걸까요?"

"그들이 원하는 걸 찾았는지 찾지 못했는지는 알 수 없어."

전철수가 말했습니다.

또다시 불이 켜진 세 번째 급행열차가 천둥소리를 내며 지나갔습니다.

"첫 번째 여행객들을 따라가는 거예요?"

어린 왕자가 물었습니다.

"그들은 아무것도 따라가지 않아. 그들은 잠을 자거나, 하품을 하고 있어. 어린아이들만 창문에 코를 박고 있지."

전철수가 말했습니다.

"어린아이들만 자신이 뭘 찾는지 알고 있군요. 헝겊으로 만든 인형에 시간을 보내고 그렇게 인형은 아주 소중한 것이 되고, 만약 그 인형을 빼앗긴다면 아이들은 울어버리는 거예요……."

"아이들은 운이 좋아."

전철수가 말했습니다.

"안녕하세요."

어린 왕자가 인사했습니다.

"안녕."

장사꾼이 대답했습니다.

그 장사꾼은 갈증을 해소해주는 알약을 팔고 있었습니다. 일주일에 한 번만 그 약을 먹으면 더는 목이 마르지 않게 되는 것이었습니다.

"왜 이런 걸 파는 거예요?"

어린 왕자가 물었습니다.

"시간을 엄청나게 절약해 주거든. 전문가들이 계산한 바로 우리는 매주 53분을 절약할 수 있어."

"그렇게 얻은 53분 동안 무얼 하는데요?"

"하고 싶은 건 뭐든 하지……."

'나한테 53분이 있다면, 나는 천천히 샘을 향해

22

걷기 시작할 거야…….'

어린 왕자는 그렇게 생각했습니다.

269

24

　사막에서 비행기가 고장이 난 지 8일째 되는 날이었습니다. 나는 아껴두었던 물의 마지막 한 방울을 마시며 장사꾼 이야기를 듣고 있었습니다.

　내가 어린 왕자에게 말했습니다.

　"아! 너무 아름다운 기억이구나. 하지만 나는 아직 비행기를 고치지도 못했고, 마실 물도 다 떨어지고 말았어. 나 역시 샘을 찾아 천천히 걸을 수 있다면 행복할 텐데!"

　그가 말했습니다.

　"내 친구 여우 말이에요……."

　"꼬마야, 여우가 문제가 아니란다!"

　"어째서요?"

　"왜냐하면 우리는 이제 목말라 죽을 수도 있거든……."

24

어린 왕자는 내 말을 이해하지 못했습니다. 그는 이렇게 말했습니다.

"친구가 있다는 건 좋은 거예요. 우리가 죽게 된다고 하더라도 말이에요. 나는 여우와 친구가 될 수 있어서 아주 행복해요……."

나는 속으로 생각했습니다.

'이 친구는 위험을 가늠할 줄 모르는군. 그는 배고픔이나 목마름을 느끼는 법이 없어. 단지 햇볕 조금이면 충분한 거야…….'

그랬더니 그가 나를 쳐다보고는 내 생각에 대답하듯 말하는 것이었습니다.

"나도 목이 말라요…… 우물을 찾으러 가요……."

나는 피곤한 몸짓을 했습니다. 이 광활한 사막에서 무턱대고 우물을 찾는다는 것은 터무니없는 일이었습니다. 그러나 우리는 걷기 시작했습니다.

우리가 말없이 몇 시간을 걸었을 때, 어둠이 깔리

더니, 별들이 빛나기 시작했습니다. 나는 목마름으로 인한 약간의 미열과 함께 그 모습을 꿈속의 풍경처럼 바라보았습니다. 어린 왕자의 말들은 내 머릿속에서 춤을 추고 있었습니다.

내가 물었습니다.

"그러니까 너도 목마름을 느낀다는 거지?"

하지만 그는 내 질문에 대답하지 않았습니다. 그는 이렇게 말할 뿐이었습니다.

"물은 마음에 이로운 것이기도 해요……."

나는 그의 말을 이해하지 못했지만 입을 다물었습니다. 질문을 해서는 안 된다는 것을 알고 있었기 때문입니다.

피곤했던 그는 자리에 앉았습니다. 나는 그의 곁에 앉았습니다. 침묵 끝에, 그는 이렇게 말했습니다.

"별들이 아름다운 건 우리 눈에 보이지 않는 꽃 한 송이 때문이에요……."

나는 '맞아.'라고 대답하고는, 말없이 달 아래의 모래 물결을 쳐다보았습니다.

그는 이렇게 덧붙였습니다.

"사막은 아름다워요."

그가 옳았습니다. 나는 언제나 사막을 좋아했습니다. 우리는 사막의 모래언덕 위에 앉았습니다. 아무것도 보이지 않았고 아무것도 들리지 않았습니다. 그러던 그때, 무언가가 조용히 빛을 내기 시작했습니다.

어린 왕자가 말했습니다.

"사막이 아름다운 건, 어딘가에 우물을 숨기고 있기 때문이에요……."

나는 순간 모래가 신비롭게 빛나던 이유를 깨닫고 깜짝 놀랐습니다. 내가 어린아이였을 때, 나는 오래된 집에 살았는데, 그 집에는 보물이 숨겨져 있다는 이야기가 전해지고 있었습니다. 당연히, 그 누구도 보물을 발견하지 못했고, 찾으려고조차 하

지 않았습니다. 하지만 그 보물은 그 집이 매력적
으로 보이도록 마법을 걸고 있었습니다. 우리 집은
그렇게 마음 깊숙한 곳에 비밀을 숨기고 있던 것이
었습니다…….

"맞아. 집이든, 별이든, 사막이든, 그것들을 아름
답게 하는 건 눈에 보이지 않아!"

그가 말했습니다.

"아저씨가 내 여우와 생각이 같다니 기뻐요."

어린 왕자가 잠이 들었기에, 나는 그를 품에 안고
다시 걸었습니다. 나는 감동했습니다. 마치 깨지기
쉬운 보물을 안고 있는 것 같았습니다. 지구에서 그
보다 더 깨지기 쉬운 건 없는 듯 느껴졌습니다. 나
는 달빛에 비친 그의 창백한 이마와 감긴 눈, 바람
에 흩날리는 앞머리를 보며 이렇게 생각했습니다.

'지금 내가 보고 있는 건 껍데기일 뿐이야. 중요
한 것은 눈에 보이지 않아…….'

그의 반쯤 벌어진 입술이 살짝 미소 짓는 것을 보

고 나는 이렇게 생각했습니다.

'잠든 어린 왕자가 이토록 감동적으로 다가오는 것은, 꽃 한 송이에 대한 그의 변하지 않는 마음과, 그가 잠든 중에도 그 안에서 등불의 불꽃처럼 일렁이는 장미 한 송이의 잔상 때문이야……'

그러자 그가 더욱 연약하게 느껴졌습니다.

'등불을 잘 지켜야 해. 바람 한 점에 꺼져버릴지도 모르니까……'

그렇게 걷던 나는 해가 뜰 무렵 우물을 발견했습니다.

어린 왕자가 말했습니다.

"사람들은, 급행열차에 오르면서도 자기가 무얼 찾아 떠나는지 알지 못해요. 그래서 불안해하며 제자리를 빙글빙글 도는 거예요……."

그리고 이렇게 덧붙였습니다.

"그건 소용없는 짓이에요……."

우리가 찾은 우물은 사하라 사막의 우물처럼 보이지 않았습니다. 사하라 사막의 우물은 보통 모래 속에 패인 단순한 구멍처럼 생겼습니다. 이 우물은 마을의 것처럼 보였는데, 그곳에는 마을이 없었기 때문에 나는 꿈을 꾸고 있는 게 아닌가 생각했습니다.

나는 어린 왕자에게 말했습니다.

"신기하네. 모든 게 갖춰져 있어. 도르래며, 두레

25

박이며, 줄까지……."

그는 웃으며 밧줄을 잡아 도르래를 당겼습니다.

바람이 오랜 시간 멈추어 있을 때 낡은 풍차가 돌아갈 때처럼 도르래에서는 달그락거리는 소리가 났습니다.

어린 왕자가 말했습니다.

"들려요? 우리가 이 우물을 깨웠더니, 노래를 불러요……."

나는 그를 피곤하게 하고 싶지 않았습니다.

내가 말했습니다.

"내가 할게. 이건 너한테 너무 무거워."

나는 천천히 우물의 입구까지 두레박을 끌어 올렸습니다. 그리고 그것을 똑바로 세웠습니다. 귓가에는 도르래의 노랫소리가 이어졌고, 아직 출렁이는 물 위로 일렁이는 해가 보였습니다.

어린 왕자가 말했습니다.

"그 물을 마시고 싶어요. 물을 마시게 해줘

그는 웃으며 밧줄을 잡아 도르래를 당겼습니다.

요……."

그리고 나는 그가 찾던 것을 깨달았습니다!

나는 양동이를 그의 입술까지 들어 올렸습니다. 그는 눈을 감고 물을 마셨습니다. 그건 축제처럼 달콤한 것이었습니다. 이 물은 그냥 음식이 아니었습니다. 별빛 아래의 행진, 도르래의 노래 그리고 내 팔의 힘으로 태어난 것이었습니다. 그것은 선물처럼 마음에 이로웠습니다. 내가 어린아이였을 때, 크리스마스트리의 빛, 자정 미사의 음악, 따스한 웃음소리는 모두 내가 받을 크리스마스 선물을 빛나게 해주었답니다.

어린 왕자가 말했습니다.

"아저씨 별의 사람들은, 정원 한 곳에 꽃을 오천 송이나 길러요…… 그런데도 자기가 원하는 걸 찾지 못해요……."

나는 따라 말했습니다.

"그들은 찾지 못해……."

"그건 장미꽃 한 송이나 한 줌의 물에서도 찾을 수 있는 건데……."

나는 대답했습니다.

"맞아."

그리고 어린 왕자는 이렇게 덧붙였습니다.

"하지만 눈은 멀어버렸어요. 마음으로 찾아야만 해요."

나는 물을 실컷 마시고는 커다란 숨을 내쉬었습니다. 해 뜨는 시각의 사막은 꿀의 색을 하고 있었습니다. 나는 그 빛에도 행복함을 느꼈습니다. 그러니 내가 근심할 까닭이 있을 리 없었습니다.

다시 내 곁에 앉은 어린 왕자가 조용히 말했습니다.

"아저씨는 약속을 지켜야 해요."

"무슨 약속?"

"양의 입마개 말이에요…… 나는 그 꽃에 대한 책임이 있어요!"

나는 주머니에서 스케치한 그림들을 꺼냈습니다.

그걸 본 어린 왕자는 웃으며 말했습니다.

"아저씨의 바오밥나무, 꼭 배추를 닮았어
요……."

"저런!"

나는 바오밥나무 그림에 그렇게 자부심을 가졌었
는데!

"아저씨가 그린 여우는…… 귀가…… 꼭 뿔같이
생겼어요. 그리고 너무 길쭉해요!"

그리고 그는 다시 웃었습니다.

"너무하구나, 꼬마야. 나는 속이 보이거나 보이
지 않는 보아뱀 말고는 그릴 줄 아는 게 하나도 없
었단다."

그가 말했습니다.

"괜찮아요. 아이들은 알아줄 거예요."

나는 연필로 입마개를 그렸습니다. 그걸 건네주
던 나는 가슴이 시려왔습니다.

"내가 모르는 무언가를 계획하고 있는 거

지……."

그는 내게 대답하지 않았습니다. 그는 이렇게 말했습니다.

"있잖아요, 내일이면 내가 지구에 떨어진 지도 일 년이 돼요……."

침묵 후, 그는 다시 말했습니다.

"나는 바로 이 근처에 떨어졌어요."

그의 얼굴이 빨개졌습니다.

그리고 나는 다시, 왜인지 이해하지도 못한 채, 기묘한 슬픔을 느꼈습니다. 그러던 중에 이런 물음이 떠올랐습니다.

"그렇다면, 8일 전에 내가 너를 만났을 때, 네가 사람들이 사는 고장으로부터 수천 마일이나 떨어진 곳에서 혼자 돌아다니고 있던 게 우연은 아니겠구나! 너는 네가 떨어진 곳으로 돌아온 거야. 맞니?"

어린 왕자는 얼굴을 붉혔습니다.

나는 고민하다 덧붙였습니다.

"일 년이…… 되었기…… 때문이니?"

어린 왕자는 다시 얼굴을 붉혔습니다. 그는 질문에는 답하지 않았지만, 얼굴이 빨개진다는 건, '맞다.'라는 걸 의미하지 않나요?

내가 말했습니다.

"아! 두렵구나……."

하지만 그는 내게 이렇게 대답했습니다.

"아저씨는 이제 일을 해야 해요. 다시 아저씨의 기계가 있는 곳으로 돌아가요. 나는 여기서 기다릴게요. 내일 저녁에 돌아와 줘요……."

나는 걱정이 되었습니다. 나는 여우의 이야기를 떠올렸습니다. 우리가 길들여졌다면, 조금 울게 될 수도 있겠다는 생각이 들었기 때문입니다…….

26

우물 옆에는 돌담의 잔해가 있었습니다. 이튿날 저녁, 내가 일을 마치고 돌아왔을 때, 어린 왕자는 다리를 늘어뜨린 채 그 위에 걸터앉아 있었습니다. 나는 그가 이렇게 말하는 걸 들었습니다.

"그러니까 기억이 나질 않는 거야? 정확히 이곳은 아니었어!"

또 다른 누군가가 대답하기라도 한 듯, 그는 이렇게 대꾸했습니다.

"맞아! 맞아! 그날인 건 맞지만, 장소는 이곳이 아니야……."

나는 돌담을 향해 계속해서 걸었습니다. 나는 여전히 그와 대화하는 목소리를 듣지도, 다른 사람을 보지도 못했습니다. 하지만 어린 왕자는 다시 이렇게 대꾸하는 것이었습니다.

26

"…… 당연해. 모래 위에 난 내 발자국이 어디서 시작됐는지 찾아봐. 거기서 나를 기다리면 돼. 오늘 밤에 그곳에 있을게."

나는 돌담으로부터 겨우 20미터쯤 떨어진 곳에 있었지만, 여전히 아무도 볼 수 없었습니다.

침묵을 지키던 어린 왕자는 다시 이렇게 말했습니다.

"네 독이 확실한 게 맞아? 나를 오래 고통 속에 두지 않을 자신이 있는 거지?"

나는 가슴을 쥐어짜는 듯한 통증에 멈췄지만, 그런데도 여전히 이해할 수가 없었습니다.

"이제 너는 가 봐. 나는 내려가야겠어."

돌담의 바닥을 쳐다본 나는 펄쩍 뛰었습니다. 삼십 초면 사람의 목숨을 빼앗을 수 있는 노란 뱀 한마리가 어린 왕자를 향한 채 있었습니다. 나는 권총을 꺼내기 위해 주머니를 뒤지며 달리기 시작했지만, 내 발소리를 들은 뱀은 잦아드는 분수처럼 조용히 모래 속으로 숨어들더니, 급할 것 하나 없

이제 너는 가 봐. 나는 내려가야겠어.

303 🦊

이 가벼운 쇳소리를 내며 돌 틈을 교묘히 빠져나갔습니다.

눈처럼 창백한 작은 왕자가 뛰어내리는 참에 맞춰 돌담에 도착한 나는, 두 팔로 그를 받았습니다.

"이게 다 무슨 소리니? 이제는 뱀과도 말을 하는구나!"

나는 그가 항상 두르고 있는 금빛 목도리를 풀었습니다. 나는 그의 관자놀이를 적셔주고 물을 먹였습니다. 이제 나는 더는 그 무엇도 물을 자신이 없었습니다. 그는 나를 진지하게 바라보더니, 내 목을 두 팔로 감쌌습니다. 나는 그의 심장이, 마치 소총에 맞아 죽어가는 새의 것처럼 뛰는 것을 느꼈습니다. 그는 내게 말했습니다.

"아저씨의 기계를 고칠 수 있게 돼서 다행이에요. 이제 아저씨 집으로 돌아갈 수 있겠어요."

"네가 그걸 어떻게 알고 있지?"

나는 그에게 막 알려주려던 참이었습니다. 걱정

305

과 달리, 내가 수리에 성공했다는 것을 말입니다!

"나 역시 오늘 집으로 돌아가게 됐어요……."

그리고 쓸쓸한 목소리로,

"그곳은 더 멀고…… 그곳에 가는 건 더 어려운 일이에요……."

나는 무언가 심상치 않은 일이 일어났음을 느꼈습니다. 나는 아이를 안듯 그를 껴안았는데, 그는 내가 그를 붙잡을 새도 없이, 깊은 심연 속으로 곧장 가라앉는 듯했습니다…….

그의 진지한 시선은 먼 곳을 바라보았습니다.

"내게는 아저씨의 양이 있어요. 그리고 양의 집과 입마개도……."

그리고 그는 쓸쓸하게 웃었습니다.

나는 한참을 기다렸습니다. 그의 몸이 조금씩 따뜻해지는 게 느껴졌습니다.

"꼬마야, 두려웠겠구나……."

그는 당연히 겁이 났을 텐데도 상냥하게 웃었습

니다.

"오늘 밤에는 더 두렵겠죠……."

나는 또다시 회복할 수 없는 감정으로 몸이 얼어붙는 걸 느꼈습니다. 그리고 다시는 이 웃음소리를 듣지 못한다는 사실을 받아들일 수 없다는 걸 깨달았습니다. 내게 그의 웃음은 사막에서 찾은 샘과 같은 것이었습니다.

"꼬마야, 네 웃음소리를 계속 들을 수 있다면 좋겠어."

하지만 그는 이렇게 말했습니다.

"오늘 밤, 1년이 될 거예요. 내 별은 내가 작년에 떨어진 곳 바로 위에 있어요……."

"꼬마야, 그 뱀과 약속과 별들의 이야기, 혹시 전부 나쁜 꿈은 아닐까……."

하지만 그는 내 물음에 대답하지 않았습니다. 그는 이렇게 대답했습니다.

"중요한 건, 눈에 보이지 않아요……."

"물론이야……."

"꽃들과 마찬가지예요. 아저씨가 어떤 별에 사는 꽃을 사랑한다면, 밤하늘을 바라볼 때 따스함을 느낄 거예요. 모든 별에는 꽃이 피어 있을 거예요."

"물론이야……."

"물도 마찬가지예요. 아저씨가 줬던 물은 도르래와 줄 때문에 마치 음악처럼 느껴졌어요…… 기억나죠…… 그 물은 정말 맛있었어요."

"물론이야……."

"밤이 되면 별들을 올려다보도록 해요. 내 별은 어디 있는지 보여주기엔 너무 작아요. 오히려 잘된 일이에요. 아저씨는 내 별이 다른 별들 중 어딘가에 떠 있다고 생각할 거예요. 그렇기에 모든 별을 보는 것을 좋아하게 될 거예요…… 모든 별은 아저씨의 친구가 되어줄 거예요. 그리고 나는 아저씨에게 줄 선물이 있어요……."

그는 다시 웃었습니다.

"아! 꼬마야, 꼬마야. 네 웃음소리를 듣는 게 너무 좋단다!"

"그게 내 선물이에요…… 그때 그 물과도 같은 선물……."

"그게 무슨 말이야?"

"사람들은 서로 다른 별을 가지고 있어요. 여행하는 사람들에게 별들은 길잡이에요. 다른 사람들에게 별들은 그저 작은 불빛이지요. 학자들에게 별들은 문젯거리예요. 그 사업가에게 별들은 곧 금덩이였지요. 하지만 그 별들은 말이 없어요. 아저씨는 다른 사람은 가지지 못한 별들을 가지게 될 거예요……."

"그게 무슨 말인데?"

"내가 저 많은 별들 중 하나에서 살고 있을 테고, 그 별 중 하나에서 웃고 있을 테니까, 아저씨가 밤하늘을 올려다볼 때면, 마치 모든 별이 웃고 있는 것처럼 보일 거예요. 아저씨는, 웃을 줄 아는 별을

가지게 될 거예요!"

그리고 그는 다시 웃었습니다.

"그리고 아저씨가 마음을 달래고자 할 때 (우리는 항상 그렇게 하니까), 아저씨는 나를 알았다는 사실을 기쁘게 생각하게 되겠지요. 아저씨는 언제나 내 친구로 남을 거예요. 아저씨는 나와 함께 웃고 싶은 기분을 느끼기도, 가끔은 그냥 심심해서 창을 열기도 할 거예요…… 그리고 아저씨의 친구들은 하늘을 올려다보며 미소를 짓는 아저씨를 보고 깜짝 놀라겠죠. 아저씨는 이렇게 말할 거예요. '맞아, 별들아, 너희는 여전히 나를 웃게 한단다!' 그러면 그들은 아저씨가 미쳤다고 생각하겠죠. 그렇게 된다면 나는 아저씨에게 아주 짓궂은 장난을 친 게 되겠네요……."

그리고 그는 다시 웃었습니다.

"그건 마치, 내가 아저씨에게 별들 대신 웃을 줄 아는 수많은 작은 방울들을 선물한 거나 다름없어

요……."

그리고 그는 또다시 웃었습니다. 그러더니 이내
진지하게 말했습니다.

"있잖아요, 오늘 밤에는…… 오지 말아요."

"나는 너를 떠나지 않을 거야."

"나는 아픈 것처럼 보일 거예요…… 나는 어쩌면
죽는 것처럼 보일지도 몰라요…… 원래 그런 거니

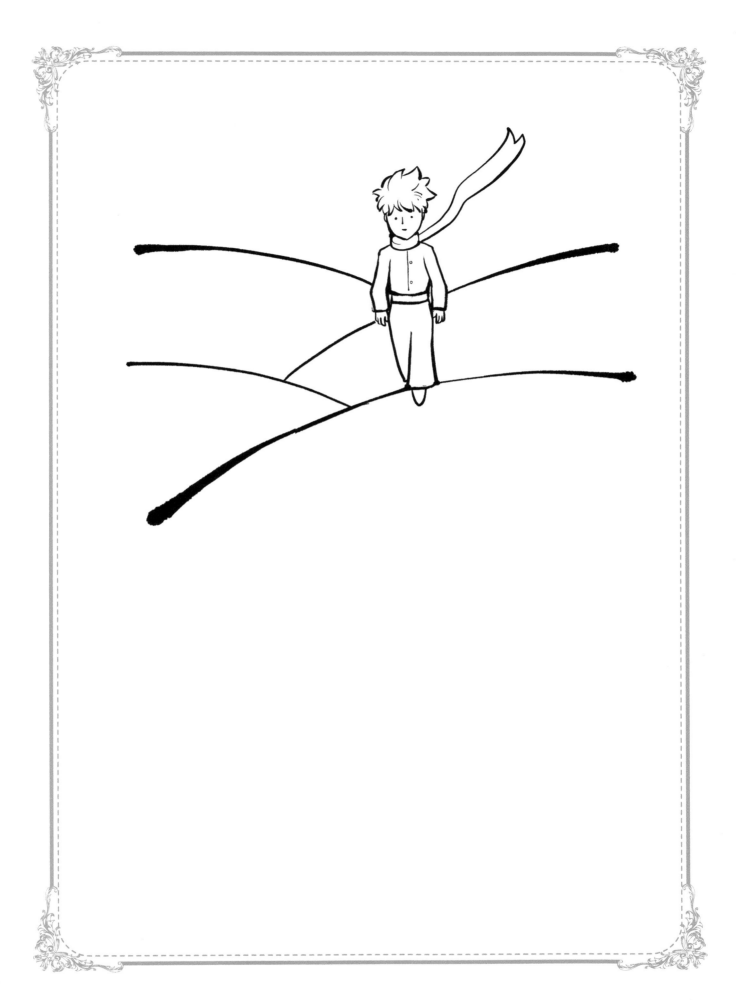

까요. 그 모습을 보러 오지는 말아요. 그럴 필요는
없으니까⋯⋯."

"나는 너를 떠나지 않을 거야."

그는 걱정스러워 보였습니다.

"이런 말을 하는 건⋯⋯ 뱀 때문이기도 해요.
그 뱀이 아저씨를 물어선 안 되니까⋯⋯ 뱀들은
못됐거든요. 그냥 즐거움을 위해 물기도 하니까
요⋯⋯."

"나는 너를 떠나지 않을 거야."

하지만 무언가 그를 안심시켰습니다.

"뱀이 두 번째로 물 적에는 독이 없겠구나⋯⋯."

그날 밤, 나는 그가 길을 떠나는 걸 보지 못했습
니다. 그는 소리 없이 사라졌습니다. 내가 그를 다
시 찾았을 때, 그는 망설임 없이 빠르게 걷고 있었
습니다. 그는 내게 이렇게 말했을 뿐입니다.

"아! 아저씨군요⋯⋯."

내 손을 덥석 잡은 그는 다시 걱정하기 시작했습

니다.

"옳지 않은 일일 거예요. 아저씨는 괴로워할 거예요. 나는 죽은 것처럼 보이겠지만 그건 진짜가 아니에요……."

나는 아무 말도 하지 않았습니다.

"있잖아요. 그곳은 너무 멀어요. 나는 이 몸을 짊어지고 갈 수 없어요. 너무 무거우니까."

나는 입을 다물고 있었습니다.

"그건 버려진 낡은 껍질처럼 보일 거예요. 낡은 껍질은 슬프지 않아요……."

나는 듣기만 했습니다.

그는 조금 기운을 잃었습니다. 하지만 다시 힘을 냈습니다.

"있잖아요, 이건 옳은 일일 거예요. 나 역시, 별들을 볼 거예요. 모든 별은 녹슨 도르래가 달린 우물처럼 보일 거고요. 모든 별은 내게 물을 떠주겠지요……."

나는 그의 말을 듣고 있었습니다.

"아주 즐거울 거예요! 아저씨에게는 오억 개의 방울이 있고, 내게는 오억 개의 우물이 있을 거니까요⋯⋯."

그리고 그 역시 입을 다물었습니다. 그는 울고 있었습니다⋯⋯.

"여기예요. 나 혼자 한 걸음을 내딛게 해줘요."

그리고 그는 두려움에 주저앉았습니다. 그는 다

시 이렇게 말했습니다.

"있잖아요…… 내 꽃 말이에요…… 나는 책임이 있어요! 그 꽃은 너무 연약하거든요! 그리고 그 꽃은 정말 순진해요. 그 꽃을 세상으로부터 지켜주는 건 아무것도 아닌 가시 네 개가 전부니까요……."

나는 더 이상 서 있을 수 없어 주저앉았습니다. 그는 이렇게 말했습니다.

"됐어요…… 그게 다예요……."

그리고 그는 잠시 망설이다가 자리에서 일어났습니다. 그는 한 걸음을 내디뎠습니다. 나는 꼼짝할 수가 없었습니다.

그의 발목 근처에 노란 섬광이 반짝인 게 전부였습니다. 그는 잠시 미동조차 없이 서 있었습니다. 그는 소리도 지르지 않았습니다. 그는 천천히, 나무가 쓰러지듯 쓰러졌습니다. 모래 때문에, 소리조차 나지 않았습니다.

그는 천천히, 나무가 쓰러지듯 쓰러졌습니다.

그는 천천히, 나무가 쓰러지듯 쓰러졌습니다.

그 일이 있고 벌써 6년이라는 시간이 흘렀습니다. 나는 아직 한 번도 이 이야기를 한 적이 없습니다. 나를 다시 만난 동료들은 내가 살아있음에 몹시 기뻐했습니다. 나는 슬픔은 덮어두고는, 그들에게 '피곤해서 그래…….'라고 했을 뿐이었습니다.

지금의 나는 어느 정도 마음을 달랬습니다. 그 말은…… 아직은 부족하다는 뜻입니다. 하지만 나는 그가 자신의 별로 돌아갔다는 걸 알 수 있었습니다. 해가 떴을 때, 그의 몸을 찾지 못했기 때문입니다. 그렇게 무거운 몸은 아니었습니다…… 그리고 나는 밤이면 별들의 소리를 듣는 걸 좋아하게 되었습니다. 그건 꼭 오억 개의 방울 소리처럼 들리기도 합니다…….

그리고 놀라운 일이 하나 벌어졌습니다. 내가 어

린 왕자에게 그려주었던 입마개에, 가죽끈을 덧대어 주는 걸 잊은 것입니다! 그는 절대 양에게 그 입마개를 걸 수 없을 겁니다. '그의 별에서는 어떤 일이 일어났을까? 양이 꽃을 먹었을지도 모르는데…….' 나는 궁금해하곤 했습니다.

때로는 이렇게 생각했습니다.

'아마 아닐 거야! 어린 왕자는 밤이면 자신의 꽃에 유리 덮개를 덮어주고, 양을 잘 감시할 거야…….'

그럴 때면 나는 행복해졌습니다. 그리고 모든 별들은 상냥하게 웃어주었습니다.

하지만 이렇게도 생각했습니다.

'한두 번 방심했다간 그걸로 끝일 텐데! 어느 날 밤, 그가 유리 덮개를 잊어버리거나, 양이 밤중에 소리 없이 나가버렸다면…….'

그러면 방울들은 모두 눈물을 쏟는 것이었습니다…….

여기에 가장 큰 수수께끼가 있습니다. 나처럼 어린 왕자를 좋아하는 여러분들에게는, 우리가 알지도 못하는 양이 장미꽃 한 송이를 먹었는지 먹지 않았는지에 따라 세상 모든 게 달라질 것이기 때문입니다.

하늘을 바라보세요. 그리고 물어보세요. '양이 꽃을 먹었을까, 먹지 않았을까?' 여러분은 모든 풍경이 바뀌는 모습을 보게 될 겁니다…….

그리고 그 어떤 어른도 그것이 그토록 중요한 일인지 이해하지 못할 것입니다!

이건 내게 있어, 세상에서 가장 아름답고, 가장 슬픈 풍경입니다. 이건 이전 페이지와 똑같은 풍경이지만, 여러분에게 제대로 보여주기 위해 한 번 더 그린 것입니다. 어린 왕자는 이곳에서 나타났다, 사라졌습니다.

어느 날 아프리카의 사막을 여행하게 된다면 이풍경을 확실히 알아볼 수 있도록, 그림을 천천히

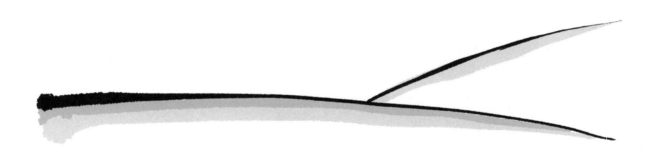

살펴보세요. 그리고 부탁인데, 만일 이곳을 지나
간다면, 서두르지 말고 별 아래에서 잠깐 기다려보
세요! 만일 어떤 어린아이가 여러분을 찾아와 미소
짓는데, 그가 금빛 머리칼을 하고 있고, 여러분의
질문에 대답하지 않는다면, 그가 누군지 알아볼 수
있을 겁니다. 그리고 부디 나를 이처럼 마냥 슬퍼
하도록 버려두지 말고, 그가 돌아왔다고 빨리 편지
해주세요……

어린 왕자가 철새 떼의 이동을 이용해서 별을 떠나왔으리라 생각했습니다.

339

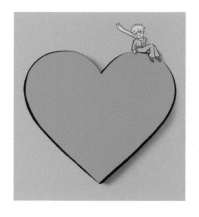
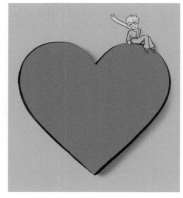

345

와일드북은 한국평생교육원의 출판 브랜드입니다.

무삭제 완역본 어린 왕자

초판 1쇄 인쇄 · 2025년 1월 1일

지은이 · 앙투안 드 생텍쥐페리
옮긴이 · 유광선 · 장비안
발행인 · 유광선
일러스트 · 유광선 · 정지남
발행처 · 한국평생교육원
편　집 · 유지선
디자인 · 박형빈

주　소 · (대전) 대전광역시 유성구 도안대로589번길 13 2층
　　　　 (서울) 서울시 서초구 반포대로 14길 30(센츄리 1차오피스텔 1107호)
전　화 · (대전) 042-533-9333 / (서울) 02-597-2228
팩　스 · (대전) 0505-403-3331 / (서울) 02-597-2229

등록번호 · 제2018-000010호
이메일 · klec2228@gmail.com

ISBN 979-11-92412-92-4 (13190)
책값은 책표지 뒤에 있습니다.

잘못되거나 파본된 책은 구입하신 서점에서 교환해 드립니다.